100세 할머니 약국

"JIKAN WA KUSURI"
by Eiko Hiruma
Copyright © Eiko Hiruma, 2020
All rights reserved.

No part of this book may be used or reproduced in any manner
whatever without written permission except in the case of brief quotations
embodied in critical articles or reviews.

Original Japanese edition published by Sunmark Publishing, Inc., Japan
Korean translation copyright © 2025 by WILMA
This edition is published by arrangement with Sunmark Publishing, Inc.
through BC Agency, Seoul

이 책의 한국어 판 저작권은 BC에이전시를 통해
저작권자와 독점계약을 맺은 윌마에 있습니다. 저작권법에 의해
한국 내에서 보호를 받는 저작물이므로 무단전재와 복제를 금합니다.

100세 할머니 약국

히루마 에이코 지음 | 이정미 옮김

Wilma

시작하는 글

"뭐 그리 특별한 이야기랄 게 없는데요.
저는 그냥 평범한 약사라서요."

꾸밈없는 첫마디와 함께
흰 가운을 입은 약사가 느긋한 걸음으로 다가왔다.
도쿄의 번화가 한 모퉁이에서
1923년에 문을 연 약국.
이곳에는 약국과 똑같은 세월을 살아온
히루마 에이코 씨가 있다.

비가 내리고 바람이 불어도,
무더위가 찾아오고, 눈이 펑펑 내리는 날에도
어김없이 이곳에 선 지 75년.

동네 사람들은 그녀와 얼굴을 마주하면

어쩐지 힘이 솟는다고,

올 때마다 악수를 하며 기운을 받아 간다고,

그녀가 건네는 손과 말 한마디를 좋아한다.

그런 그녀가

약과 함께 넌지시 건네는 이야기가

아픈 마음을 낫게 한다.

그럴듯한 호칭도, 명예로운 훈장도 없지만

오랜 세월 속에서 그저 변함없이

마주한 누군가에게 마음을 담아 전해 온 이야기.

나에게도 그리고 다른 누군가에게도,

조금 더 다정해질 수 있는 처방전이다.

차례

시작하는 글 · 004

1장 호기심이라는 약

- 013 · 찻집에 들르듯 약국으로 오세요
- 019 · 배우는 사람은 늙지 않습니다
- 026 · 백 살이어도 '요즘 사람'이고 싶습니다
- 031 · '피곤해'라는 말은 하지 않기
- 035 · 살아있는 한 삶은 빛납니다
- 040 · 후회는 언제나 백해무익

2장 꾸준함이라는 약

048 ▸ 좋은 하루를 불러오는 마법의 주문

052 ▸ 습관이 많아지면 인생이 여유로워집니다

056 ▸ 독이 되는 '당연함', 약이 되는 '당연함'

061 ▸ 저도 열심히 살겠습니다

065 ▸ 인생은 예순 살부터

069 ▸ 세 살 버릇 여든까지

3장 다정함이라는 약

- 076 · 마음을 치유하는 경청의 힘
- 081 · 참견은 만병의 근원
- 086 · 진심은 언제나 통합니다
- 091 · 몸과 마음이 가벼워지는 사고방식
- 096 · 걱정할 틈을 만들지 않기
- 101 · 사람은 언제나 함께 살아가야 합니다
- 106 · 감사는 최고의 보약

4장 시간이라는 약

- 112 상처받은 인생을 치유해 주는 건 시간
- 116 가끔은 나를 위해 사치 부리기
- 120 눈치보다는 자부심이 필요합니다
- 125 순간이 모여 인생이 됩니다
- 131 스스로 할 수 있는 일은 스스로 하기
- 136 행복은 늘 우리 곁에 있음을
- 141 삶의 의미는 깊이 생각하지 않습니다
- 146 나이 들어도 여전히 즐거운 삶
- 150 눈부신 오늘을 살아가세요

맺는 글 시작하기에 늦은 나이란 없다 · 156

호기심이라는 약 ～～～

1장

찻집에 들르듯
약국으로 오세요

도쿄 이타바시구 시무라사카우에역 앞 길모퉁이. 여기 히루마 약국 처마 끝에는 포렴(布簾, 가게 출입구에 늘인 천 장식)이 걸려 있습니다. 약국에 웬 포렴이지 하고 의아해하실지도 모르겠네요.

하지만 오랫동안 이곳에서 일해 온 저는 언제부턴가 약국은 약을 내주는 곳만이 아니라고 생각하게 되었습니다. 앞으로도 그렇겠지만 지금까지 쭉, 이런 약국이 있으면 멋지겠다 싶은 '이상적인 약국의 모습'을 추구해 왔지요.

저에게 이상적인 약국의 모습이란 처방전을 들고 온 손님은 물론, 거리를 걷는 누구라도 잠시 들러 쉬었다 갈 수 있는 곳입니다. 마치 산속에서 만나는 '마루터기의 찻집'과 같은 곳이랄까요.

인생은 한 걸음씩 나아가는 기나긴 여행과 같습니다.

그 여행길 위에서 지친 마음을 위로하고 활기를 되찾게 해 주는 것 혹은 내 이야기를 가만히 들어 주는 곳이 있다면, 그것만으로도 마음 푹 놓고 여행을 계속할 수 있지 않을까요.

약국에는 아픈 몸을 낫게 하는 약이, 약을 건넬 때 나누는 가벼운 대화가, 잠시 앉아 쉴 수 있는 자리가 있습니다. 마치 길모퉁이에 있는 찻집처럼 약국이 존재할 수 있다면 얼마나 좋을까요.

요즘은 저와 비슷한 나이에도 혼자 사시는 분이 많습니다. 옛날에는 동네 사람들이 이런 분들을 챙겨 주기도 했지만, 지금은 아파트에서 살기도 하니 그러기 어려워졌지요. 그래서 대화할 상대가 없거나 온종일 아무도 만나지 않는 분도 많습니다. 특히 도시에서는 이웃에 차 한잔 마실 친구조차 없다는 분도 적지 않지요.

하루는 저희 히루마 약국의 손님 중에 혼자 지내는 한 고령의 여성분이 말하시더군요.

"집에 대화할 사람이 아무도 없으니까 이제는 말도 잊어버릴 것 같아요."

저는 이렇게 답했습니다.

"댁에 가시면 불단에 계신 남편분에게 말을 걸어 보세요. '나 왔어, 여보. 맛있는 과자 사 왔으니까 차랑 같이 먹어요' 하고 말이에요."

남편이나 어머니, 아버지가 지금 내 곁에 없더라도, 먼저 말을 걸다 보면 어쩐지 그들이 듣고 있는 듯한 기분이 듭니다. 그러다 보면 마음도 안정되지요. 오랫동안 소중히 여겨 온 사람들은 우리 마음속에 언제까지나 살아 있으니까요.
저도 시시콜콜한 일상의 이야기를 먼저 떠난 남편과 나

눌 때가 있습니다.

"오늘은 말이지, 여보, 이런 일이 있었어."
"당신도 그분 알지? 오랜만에 약국에 오셨더라고."

24년 전에 세상을 떠난 남편은 말수는 적었지만 정 많고 따뜻한 사람이었습니다. 말하다 보면 "그래? 잘됐네" 하는 남편의 목소리가 귓가에 들리는 것 같습니다.

가족은 우리 존재가 머무는 자리입니다.

비록 먼저 세상을 떠나 지금은 여기에 없다고 해도, 한때 함께했다는 사실만큼은 달라지지 않지요. 사랑하는 가족은 우리 마음속에 늘 자리하며 소중한 안식처가 되어 줍니다. 남편이나 아내가 건강하게 살아 있어도 말 한마디 섞지 않는 경우도 있으니, 떠난 가족에게라도 말을 건네 보고 싶다고 느끼는 건 행복한 일이라고 생각합니다.

집에 혼자 있을 때 어쩐지 쓸쓸해진다면 먼저 떠난 당신의 그 사람에게 말을 한번 건네 보세요.

"그래도 여전히 쓸쓸하시면 잠깐 산책이나 할 겸 약국으로 오세요. 제가 기운 나는 음료수를 준비해 두고 기다리고 있을게요. 마음이 개운해질 때까지 이야기하고 가세요."

마지막으로 제가 이렇게 덧붙였습니다. 고령의 여성분은 한결 밝아진 표정으로 약국을 나서셨지요.

인생을 살다 보면 병과 마주하는 시기, 난관을 극복하려 애쓰는 시기, 꿈을 좇아 돌진하는 시기, 누군가의 삶을 돌보는 시기가 있습니다. '이제 겨우 다 올라왔네' 하는 순간 골짜기를 내려가야 하는 때도 있지요. 그러니 지쳤을 때는 잠시 멈춰 서는 것도 중요합니다.

오르막과 내리막의 경계에 섰을 때 훌쩍 들러서 잠시 쉴 수 있는 곳, 자리에 앉아 한숨 돌리면서 두런두런 이야기를 나눌 수 있는 곳. 약국이 이런 '마루터기의 찻집'과 같은 곳이라면 좋겠습니다. 그러면 그곳도 어떤 사람에게는 인생의 안식처 중 하나가 될 수 있겠지요.

오늘도 히루마 약국 처마 끝에는 포렴이 바람에 나풀거립니다. 언제든 이곳에 들어설 누군가를 기다리면서 말이지요.

인생은 오르막과 내리막이 있는 여행길.

한차례 올라왔다면 잠시 한숨 돌리기.

다 내려온 후에는 느긋하게 차 한잔.

꼭 온 힘을 다해 달리지 않아도

좋을 여행길입니다.

배우는 사람은
늙지 않습니다

'모르는 것을 알고 싶고, 이해가 안 되는 것을 이해하고 싶다.'

저에게는 늘 이런 마음이 있습니다. 한번 마음먹은 일은 꼭 해내고 싶다는 생각도 있지요. 만약 누군가가 저에게 지기 싫어하는 성격이냐고 묻는다면, 아마도 그런 모양이라고 대답하고 말 것 같습니다.

지금의 인터넷 세상이 그러하듯이, 약도 하루가 다르게 빠른 속도로 발전합니다. 조금이라도 멍하니 있다가는 금세 뒤처지기 일쑤지요.

모든 일은 다 하루하루 배움의 연속인가 봅니다. 그래서 손님을 대하는 틈틈이 컴퓨터를 켜 두고 새로 나온 약의 이름을 알아볼 때가 많습니다. 약사인 이상 약에 관한 최신 정보를 놓쳐서는 안 되기에, 평생 공부해야 한다는 마음이 항상 저를 자극합니다.

예전에, 아이를 키우기 위해 일을 쉬었던 한 직원이 오십 대가 되어서 다시 약사로 복귀한 적이 있습니다.

"약 이름을 다 잊어버려서 큰일이에요. 지금부터 다시 공부한다고 해도 따라잡을 수 있을지 모르겠어요."

그녀가 이렇게 말하기에 제가 대답했습니다.

"나도 아직까지 매일 공부하는걸. 모르는 건 그때그때 찾아서 알면 되지. 아직 나보다 서른 살이나 젊으면서, 뭘."

세상에는 이 직원과 비슷한 상황에 처하신 분이 많을 테지요. 한동안 일을 접어 두고 집에서 육아나 간병에 전념하다가, 다시 일이나 아르바이트를 시작하는 분들 말입니다. 때로 한 번도 해 본 적 없는 낯선 일에 도전하는 경우도 있겠지요. 혹은 '나 이대로 괜찮을까?' 하고 잠시 숨을 고르며 인생을 다시 살펴보는 시기를 지나는 분도 있을 겁니다.

그럴 때면 처음 해 보는 일이 두렵게 느껴지고, 오랫동안 손에서 일을 놓았던 공백기에 불안하게 느껴질지도 모르겠습니다. 저는 어쩌다 보니 같은 일을 오래 해 왔지만, 새로운 환경에 뛰어들 때면 불안이 따라붙는 법이니까요.

늘 똑같아 보이는 약국도 가만 들여다보면 끊임없이 새로운 상황이 찾아옵니다.

컴퓨터가 등장하고 인터넷에 스마트폰까지 일상에 파고든 변화는 약국 안에서도 고스란히 일어났습니다. 옛날에는 상상도 하지 못했던 IT 기술의 진보에 '이제 나도 그만 은퇴할 때가 왔나 보다'라는 생각이 들었던 때가 벌써 수십 년도 전이지요.

그런데 지금은 젊은 직원의 도움을 받긴 하지만 저도 인터넷으로 화상 회의에 참석할 정도니, 뭐든 적응하게 되나 봅니다.

나이를 먹을수록 새로운 변화에 불안을 품기 마련이지만, 그럼에도 순전히 나이 때문에 할 수 없는 일은 사실 세상에 별로 없습니다. 그저 시간을 갖고 차분히 그 일과 마주하기만 하면 됩니다.

누구에게나 인생에서 어제와 완전히 똑같은 오늘은 없습니다.

약국에서만 해도 매일 새로운 만남과 대화가 생겨납니다. 어제와 다른 손님이 오고, 어제와 다른 대화가 피어나며, 이제껏 없었던 새로운 만남이 이루어지지요.

매일 똑같은 하루가 반복되는 듯 보이지만, 사실 어제와 똑같은 오늘은 단 하루도 없습니다. 같은 손님이 방문한다 해도 그 상황까지 같을 수는 없어요.

'똑같은 손님에 똑같은 하루네.'

이렇게 매 순간을 지루하게 여긴다면 약사로서 자신의 자격을 다시 생각해 봐야 합니다. 아주 작은 변화를 발견하는 눈이 질병을 예방하는 일로 이어지니까요.

저는 오늘 오신 손님의 상태에 주의를 기울이는 것이 약사에게 있어서 그 무엇보다 중요하다는 사실을 세월의 흐름 속에서 깊이 깨달았습니다. 이는 분명히 저뿐만 아니라 누구에게나 해당하는 이야기라고 생각해요.

'오늘 하루에 관심을 갖고, 오늘을 진심으로 대하자.'

이런 마음가짐으로 자신이 매일 하는 업무나 과제를 진지하게 마주해 보세요. 변화로 인해 생긴 불안감은 눈앞의 일을 피하지 말고 똑바로 주시해야 해소할 수 있습니다.

일을 하지 않았던 공백기가 길다면, 오히려 그 덕분에 예전에는 몰랐던 새로운 부분을 발견할 수도 있습니다. 하루하루 오늘은 또 무슨 새로운 일이 생길까, 그 일로 어떤 새로운 것을 알고 경험하게 될까 상상하고 기대하는 자세로 업무를 대해 보세요. 자신이 하는 일의 역사와 흐름, 나아가 앞으로의 방향에까지 관심이 생길 겁니다.

'탐구심'이라고 하면 뭔가 대단한 듯 보이지만 사실 이는 그리 어려운 것도 아니고, 특별한 사람만이 갖는 마음도 아닙니다. 오늘 하루를 어제와 다른 특별한 날이라 생각하고 보내면 누구에게나 언제든지 자연스럽게 솟아나는 것이 탐구심입니다.

오십 대에 약국으로 돌아온 그 약사는 자신의 공백기와 진지하게 마주했고, 시간이 흐르자 점점 성장해 나갔습니다. 걱정했던 때가 거짓말처럼 느껴질 만큼 많은 손님이 찾는 약사이자 꼭 필요한 직원으로서 약국을 든든히 지켜 주었지요.

사람은 나이와 상관없이 언제든지 새로운 경험을 할 수 있습니다. 성장하고 발전하는 일과 나이는 무관합니다. 그 직원을 가까이 지켜보며 이 귀중한 깨달음을 다시 한번 마음에 새길 수 있었습니다.

어제와 똑같은 오늘은 없습니다.

오늘은 당연히 어제와는 다른 일들이

벌어지지요.

이를 발견하느냐, 못 하느냐는

나의 마음가짐에 달려 있습니다.

백 살이어도 '요즘 사람'이고 싶습니다

 새로운 것을 배우는 일은 언제나 즐겁습니다. 새로운 약의 이름과 효과, 주의 사항을 외우는 일도, 주변의 도움을 받아 가며 컴퓨터의 새로운 기능을 익히는 일도, 스마트폰 메신저로 가족과 이야기를 나누는 일도 저에게는 마음이 살짝 들뜨는, '젊어지는 약'과 다를 바 없지요.

 저는 이메일이나 메신저가 있어서 정말 다행이라고 생각합니다. 왜냐하면 메시지가 오면 기분이 좋거든요. 그건 마치 눈 깜짝할 사이에 배달되는 현대판 편지 같아요.

 '모르는 건 배우자.'

이것이 제가 매사를 대하는 방식입니다. 요즘에는 옛날과는 달라진 새로운 가족의 형태와 모습을 손님들에게 매일 배우고 있습니다.

전쟁 전이나 후나 일을 하고 가정을 꾸리고 어떤 상황에서든지 열심히 살아가는 모습은 다를 바 없지만, 시간의 흐름과 함께 가족의 의미와 가사 환경은 크게 달라진 것 같습니다.

이렇듯 세상도 사람도 변하는 법이니, '옛날이 좋았지' 같은 말은 쓰지 않으려고 늘 신경을 씁니다. 옛날은 옛날대로, 지금은 지금대로 좋은 점이 있으니까요.

옛날 가족은 그 나름의 장점이 있었지요. 그때는 3세대 또는 4세대가 한 지붕 아래 살면서 조부모가 육아를 돕는 것이 당연했습니다. 게다가 마을 전체가 함께 아이를 키웠기에 아이가 고립될 일도 별로 없었지요.

그 대신 불가피하게 사생활 침해가 일어나거나 원래의 가족에 새로 늘어온 며느리가 힘든 시간을 보내는 일이 있기는 했습니다.

지금은 엄마가 직업을 갖는 게 당연한 시대가 되었습니다. 여성이 활기차게 사회생활을 하는 모습이 당연하게 받아들여지는 건 멋진 일이라고 생각해요.

하지만 핵가족화가 진행되면서 옛날이라면 자연스럽게 존재했을 가르침을 주고받는 자리나 도움을 구할 자리가 줄었습니다. 그에 따라 육아를 고독하게 느끼는 사람도 많아졌지요. 한 부모 가족도 드물지 않아졌고요.

물론 그 와중에도 변치 않는 엄마의 모습을 마주하기도 합니다. 평소에 아이를 데리고 약국을 찾는 엄마들을 볼 때면 저도 모르게 자꾸 말을 걸게 됩니다. 아마도 지금 아이를 키우는 엄마들에 대해 궁금증이 일어서겠지요. 조금이라도 알고 나면 혹시 뭔가 해 줄 말이 있을지도 모르니까요.

예나 지금이나 변하지 않는 보편적인 사항에 대해서라면 제가 도움이 될지도 모른다고 생각합니다. 만약 제가 몰랐던 부분이 있다면 배우고도 싶고요.

누군가에게 어떤 생각을 전달할 때는 '상대방과 같은 시대를 살고 있느냐, 그렇지 않느냐'가 매우 중요합니다. 지금에 대해 잘 모르면서 예전엔 그랬다고 자신이 살았던 시대를 강요하는 '옛날 사람'만큼은 되고 싶지 않습니다.

'모르는 것을 알고 싶다. 좀 더 나은 지금을 만들고 싶다. 배운 것을 사용해 보고 싶다. 지금을 사는 사람으로서 늘 지금에 대해 알고 싶다.'

이런 마음을 품고 있는 한, 사람은 언제든지 호기심의 날개를 펼칠 수 있습니다. 게다가 이런 자세로 오늘이라는 하루를 살면 더없이 즐겁기도 하지요.

그렇지만 제가 진심으로 지금을 살고 싶다고 생각하는 가장 큰 이유는, 어쩌면 다른 사람은 다 아는데 나만 모르는 게 싫어서일지도 모르겠습니다. 나만 모르는 이야기로 다른 사람들이 즐거워하는 건 제게는 별로 즐겁지 않은 일이지요. 아니, 아주 재미없는 일입니다.

꼭 누군가를 이기고 싶은 것은 아닙니다. 그저 언제나 '요즘 사람'으로 살아가고 싶을 뿐이지요.

어쩌면 제가 정말 지기 싫어하는 성격으로 타고난 것인지도 모르겠네요.

옛날이 좋았다는 말은

하지 않는 사람이고 싶습니다.

제가 살고 있는 시간은

지금 이 순간이니까요.

'피곤해'라는 말은 하지 않기

저는 피곤하다는 말은 되도록 하지 않으려고 합니다. 이유는 간단합니다. 그 말을 내뱉는 순간 정말로 피곤해지기 때문입니다.

이런 부정적인 말이 입버릇이 되면 좋지 않습니다. '피곤해'라는 말에 반응해서, 사실은 지치지 않았는데도 몸이 말에 대꾸라도 하듯이 실제로 피곤함을 느끼기 때문입니다.

직원들에게 강요한 적은 없지만, 제가 피곤하다는 말을 쓰지 않는다는 사실이 알려지면서 젊은 직원들도 이 말은 피하게 되었습니다. 활기를 잃지 않으려는 저의 노력에 주변 사람들도 덩달아 힘을 낸다는 건 기쁜 일이지요.

"아우, 피곤해!"

"아, 너무 졸려…….''

 요즘은 나이가 많은 사람들보다 젊은 사람들이 이런 말을 훨씬 더 자주 하는 것 같습니다. 언제고 입만 열면 무기력함을 토로하지요. 어쩌면 컴퓨터나 스마트폰을 많이 봐서 눈도 자세도 나빠지고, 근력이 부족해진 탓에 진짜로 피로를 느끼는지도 모르겠습니다.

 원래 피곤하다는 말은 하루가 끝나 갈 때 쓰는 말이라고 생각합니다. 사실, 하루의 끝 무렵에 당장이라도 쓰러질 만큼 고단하다면 '피곤해'라는 말을 내뱉기도 전에 침대에 드러누워 잠에 빠져들어 버리지요.

 만약 피곤하다는 말이 습관처럼 나온다면 실제 신체가 느끼는 것보다 생각이 지나치게 앞서가고 있지는 않은지, 가만히 앉아만 있었거나 말 못 할 고민이 있지는 않은지 생각해 보세요.

 살다 보면 몸과 마음이 지치거나 머리가 무거울 때도 있습니다. 하지만 인간은 원래 하루 동안 몸과 마음과 머리를 균형 있게 사용하고, 잠을 자면서 그날의 피로를 풀고 다음 날 다시 활기를 되찾을 수 있는 존재입니다.

그러니 늘 피곤하다면 지금 내가 무엇에 지쳐 있는지, 피곤한 곳이 몸인지 마음인지 머리인지 잠시 시간을 들여 꼼꼼히 살펴보세요.

그것은 스스로에게 하는 문진과 같습니다. 그렇게 스스로를 살피다 보면 어떤 약이 필요한지 알 수 있지요.

여기서 말하는 약이란 충분히 쉰 다음 일과 휴식의 균형을 맞추거나, 누군가에게 고민을 털어놓는 일일지도 모릅니다. 물론 몸의 부조화를 개선해 줄 진짜 약이 필요할 수도 있겠지요.

'피곤해'처럼 나도 모르게 입버릇같이 나오는 말은 마음 속 깊은 곳에서 보내오는 메시지입니다. 자꾸 '피곤해', '귀찮아', '싫어', '힘들어' 같은 말이 나온다는 건 몸으로 치면 미병(未病, 병은 아니지만 병으로 진행되고 있는 중간 단계) 상태와 다를 바 없습니다. 이대로 그냥 뒀다가는 무언가 탈이 나고 말 거라는 일종의 신호라고 할 수 있지요.

몸은 똑똑히 우리의 목소리를 듣고 있습니다. 그러니 우리도 몸과 마음의 소리에 좀 더 귀 기울여 보면 어떨까요.

귀는 순진하기 그지없습니다.

모든 게 내 일인 듯

우리의 말을 있는 그대로 받아들이지요.

그러니 나에게 독이 되는 말은

삼가는 게 좋습니다.

살아있는 한
삶은 빛납니다

기나긴 인생을 살다 보면 자신의 힘으로는 어찌할 수 없는 일에 맞닥뜨리고 절망하는 때가 있습니다. 생각지도 못한 불행이나 큰일에 휘말리기도 하고, 이름만 들어도 무서운 질병을 앓기도 하지요.

제 인생에서 마주한 가장 절망적인 경험은 바로 전쟁이었습니다.

저희 가족이 열차에 필사적으로 매달려 나가노까지 피난을 떠난 날이 도쿄 대공습이 있기 이틀 전이었어요. 폭탄이 떨어지던 날, 나가노에서 바라본 붉게 물든 도쿄의 하늘은 어제 일처럼 선명합니다.

폭격이 끝난 후 도쿄로 돌아오니 살던 동네가 모조리 불타 사라진 상태여서, 마을 언덕에 오르면 저 멀리 바다가 보일 정도였습니다. 그때 받았던 충격은 지금도 잊히지가 않지요.

살아남은 것은 한 줄의 지평선과 아마도 황궁 근처였을 푸른 숲뿐. 불이 모든 걸 집어삼켜서 잔해조차 남아 있지 않았습니다. 특공대에 지원했던 친구는 돌아오지 않았고, 수많은 친척과 지인이 세상을 떠났습니다.

전쟁은 많은 것을 앗아 갔어요. 종전이 선언될 무렵에는 대부분의 사람이 좌절하고 낙담했고, 여기서 다시 일어선다는 게 과연 가능할까 싶을 만큼 온 나라가 어둠 속에 갇혀 있었습니다.

하지만 이런 상황에서도 사람들은 절망에만 빠져 있진 않았습니다.

저희 가족도 전쟁이 끝나자 나가노에서 도쿄로 돌아와 아버지는 가진 것 하나 없이 허허벌판에다 약국을 여셨습니다. 그게 바로 이 히루마 약국입니다.

아침부터 밤까지 하루도 쉬지 않고 살기 위해 이 악물고 버틴 나날이었습니다. 그때는 돈이 있어도 살 수 있는 게 없었어요. 전쟁 중에는 설탕의 대용품이었던 사카린을 암시장에서 물물교환해서 그날의 식량을 구하곤 했지요.

그런 경험 덕분일까요. '이젠 끝이야. 도저히 방법이 없어' 하는 순간에도 틀림없이 어딘가에는 한 줄기 빛이 남아 있을 거라고 저는 믿게 되었습니다. 살아남았다는 것은 살아가야 할 삶이 주어진 것입니다. 그리고 살아 있는 이에게는 그에 맞는 역할과 책임이 있는 법이라고 생각합니다.

전쟁도 커다란 재해나 사건도 모두 가슴 아픈 일이지요. 하지만 이미 벌어진 일을 되돌릴 수 없다면, 그곳에서 다시 일어나 앞을 향해 한 걸음씩 나아가는 수밖에는 없습니다.

아주 조금이라도 절망을 다른 방향에서 바라볼 수 있다면, 이미 첫걸음을 내디딘 셈이에요.

모든 것이 불에 타 잿더미로 변한 도쿄에서도 끝까지 타지 않고 살아남았던 건물이 지금도 그곳에 존재하듯이, '전쟁이 있었지만 나는 끝끝내 살아남았다'는 생각은 앞으로 나름의 책임을 다하며 살겠다는 다짐으로 이어져 왔습니다. 그것이 약사로서의 사명감과 열정으로 바뀌어 이제까지 저를 지켜 준 게 틀림없어요.

요즘 사람들은 전쟁을 모르고 자랐다고는 하지만, 그래도 그들 역시 사는 동안 다른 힘든 사건이나 생각지도 못한 불행과 맞닥뜨릴 수 있을 겁니다. 남의 고통은 잘 보이지 않는 법이라 서로 모르고 살 뿐이지요.

저마다 처한 상황은 다르겠지만 모두에게 똑같이 전하고 싶은 말은, '잃어버린 것이나 절망에 향해 있는 시선을 남아 있는 빛으로 돌려 보라'는 것입니다.

절망에 허우적거리는 동안은 빛이 보이지 않는다고 느껴질 수도 있지만 지금 숨을 쉬고 있다면 아직 나에게 할 일이 남아 있는 것이라고 믿어 보세요.

살아 있다면 다시 움직일 수 있고, 마음이 진정되면 손을 내밀어 주는 주변 사람들이 눈에 들어올 겁니다.

저는 아흔다섯 살 때 인공 관절 수술을 하면서 혼자서는 걷기가 힘들어졌습니다. 그럼에도 지팡이를 짚고 걸을 수 있다는 희망으로 매일 재활 훈련을 하고 있습니다.

여러 번의 위기에도 절망하지 않았던 이유는 아직 내 삶에 남아 있는 빛에 시선을 두겠다고 다짐해 왔기 때문입니다. 모든 것을 잃었다고 해도, 살아 숨 쉬고 있다면 반드시 어딘가에 남아 있는 빛을 찾을 수 있습니다.

저는 앞으로도 손님들과 함께 그 빛을 발견하고, 다시 하루를 살아갈 마음이 되어주는 순간들을 계속 찾아가고 싶습니다.

아무리 힘든 일이 있어도,

살아 있다는 것은 아직 내게 주어진

일이 남았다는 것.

살아 있는 한,

그곳에는 반드시 빛이 남아 있습니다.

후회는 언제나 백해무익

'이미 일어난 일을 되돌리려 하지 말고, 다른 사람을 바꾸려고 하지 말자.'

저는 매일 이 말을 새로이 가슴에 새기고 약국에 나갑니다.

약국에 있다 보면 가끔씩 나이가 지긋한 손님들의 이야기를 들을 때가 있어요. 그분들은 기나긴 인생 속에서 겪었던 추억 이야기를 꽃피우시기도 하지만, 젊은 시절의 후회나 아이를 잘못 키웠다는 자책을 입에 담으시기도 합니다.

"아, 좀 더 하고 싶은 일이 있었는데……."
"맞벌이를 하느라고 아이한테 신경을 못 썼어요."
"남편과의 시간을 소중하게 여길 걸 그랬어요."

 이런 갖가지 후회는 되새기면 되새길수록 당시의 감정을 자꾸만 다시 끄집어내는 것과 같습니다. 그보다는 지금까지 걸어온 길 위에서 만났던 꽃을 떠올리며, 좋았던 일을 찾는 데 시간을 들여 보면 어떨까요.
 그 자리에서 제자리걸음 하기보다는 한 걸음 앞으로 나아가는 날. 오늘은 그런 날이 되었으면 좋겠습니다.
 저는 작은 오해가 생겼고, 그런 계기를 만든 사람이 다름 아닌 저라고 해도 계속 이를 후회하기보다는 지금부터 할 수 있는 일에 눈을 돌립니다. 혹여 그 계기가 제가 아닌 다른 누군가라도, 그를 책망하거나 미워하기보다는 대화를 나누려고 하지요.
 가족들은 이런 저를 두고 "앞만 보는 기 아니냐"라고 농담을 던지기도 합니다. 하지만 뭐든, 어떤 일이든 지금 둘 수 있는 수가 하나라도 있다면, 일단 해 보자는 게 제 삶의 방식입니다.

과거에 대한 후회는 백해무익할 뿐이에요. 후회는 독입니다. 오늘의 한 걸음은 과거나 누군가를 바꾸기 위한 것이 아니라, 어디까지나 나 자신이 달라지기 위한 것이어야 한다고 생각합니다.

솔직히 말씀드리자면, 저는 같이 일하는 손자 고지로와 자주 다툽니다.

고지로가 제가 모르는 부분에서 이것저것 열심히 해 주고 있다는 건 잘 알지만, 저도 어찌 됐든 지기 싫어하는 성격이다 보니 뭐든지 다 알아 두어야 직성이 풀리거든요. 그런데 손자 녀석은 웬만해서는 말을 안 해 주려 하고 제가 꼬치꼬치 캐물으면 불편해합니다.

그래서 종종 퇴근하는 택시 안에서 저한테도 제대로 알려 달라며 언쟁을 벌이기도 합니다. 손자가 근처에서 혼자 살다 보니 항상 제가 먼저 내리는데, 집에 와서 가만 보면 '아, 내가 너무 심했나?' 하는 생각이 들 때도 있습니다.

그렇다고 밤새우며 후회하는 일은 없어요. 곧바로 핸드폰을 꺼내 전화를 걸지요. "좀 전에는 미안했어." 이렇게 그 자리에서 툴툴 털어 버립니다. 가족이니까 그냥 이해해 주리라고 여겨서는 안 된다고 생각해요. 함께 일을 하는 만큼 다음 날 아침을 기분 좋게 시작하려면 앙금을 빨리 푸는 것이 더욱 중요하기도 하지요.

예전에는 지금보다 더 고집이 세서 미안하다는 말이 쉽게 입 밖으로 나오지 않았는데 나이를 먹으니까 좀 물러진 것도 같습니다.

신기하게도 마음속 응어리는 꼭 붙잡고 있으면 있을수록 해결되지 않습니다. 오히려 힘껏 쥐고 있는 손을 슬며시 풀면 언제 그랬냐는 듯 모든 게 다 누그러지지요. 요즘에는 이렇게 생각하게 되었습니다.

사과는 빨리 하는 편이 좋습니다. 시간이 흐르면 점점 더 입이 떨어지지 않거든요. 만약 상내빙이 먼저 미안하다고 입을 열면 재지 말고 순수하게 받아들여야 합니다. 타이밍을 놓치고는 이후 몇십 년을 속앓이라도 하게 된다면, 그건 너무 시간이 아까운 일이잖아요.

나이가 들면 들수록 가볍게 살고 싶다는 게 제 생각입니다.

결국 바꿀 수 있는 건

나 자신뿐입니다.

내가 달라지면

후회스러운 과거도, 집착했던 상대도

모두 흘려보낼 수 있지요.

꾸준함이라는 약

2장

좋은 하루를 불러오는
마법의 주문

인사는 그날 그 사람의 마음을 표현합니다. 특히 아침에 나누는 첫인사는 하루를 좌우하는 중요한 행위이지요.

가족이 있다면 아침에 일어나서 먼저 "좋은 아침!" 하고 인사를 건네 보세요. 불단 위 사진에도 예를 갖춰서 인사를 드려 보세요.

"좋은 아침입니다. 오늘도 지켜봐 주세요. 잘 부탁드립니다."

마음을 담아 상대방의 눈을 보고 아침 첫인사를 나누면

그날은 틀림없이 좋은 하루가 될 것입니다. 인사는 제게 오랜 세월 동안 자연스럽게 몸에 밴, 매일 아침에 외는 주문과도 같습니다.

저에게는 중요한 아침 일과가 하나 더 있습니다. 매일 아침 제일 먼저 약국에 도착해 아무도 없는 조제실을 향해 엄숙한 인사를 하는 것입니다.

'오늘도 손님들에게 필요한 약을 전달할 수 있도록 도와주세요.'
'아무쪼록 오늘 하루도 잘 부탁드립니다.'

이렇게 마음속으로 외치며 경건하게 고개를 숙입니다. 저는 이 습관을 지난 75년간 하루도 빠짐없이 지켜 왔습니다.

손님을 대하는 일도 모두 인사에서 시작됩니다. 저희 약국에서는 손님께 약을 설명해 드리기 전에 반드시 인사와 힘께 자기소개를 히도록 되어 있어요.

수많은 약국 중에서 저희 약국을 골라 주신 데에 감사함을 표하는 것입니다. 손님 입장에서 보면 저희는 '복약'이라는 매우 개인적인 부분에 관여하는 것이지요. 저희가 손님의 이름을 알게 되듯이, 손님께 저희 이름도 분명히 전달해서 공경하는 마음으로 손님의 삶에 다가서겠다는 뜻입니다.

인사는 아주 오랜 옛날부터 이 땅에 뿌리내린 전통문화였습니다. 기나긴 역사를 지나는 동안 변치 않고 이어져 온 일종의 성스러운 의식인 셈이지요.

감사하는 마음을 담아야만 상대방의 마음에 가닿을 수 있고, 공경심이 동반되어야 의미가 생깁니다. 그저 자신을 낮추는 인사는 나 자신을 존중하는 마음을 잃어버릴 수 있습니다.

채신없이 괜히 굽신거리지 말고, 몸과 마음을 가다듬고 등을 곧게 편 다음 바른 자세로 소중하고 고마운 사람이나 사물에 마음을 담아 인사를 해 보세요. 그 사람의 눈이나 그 사물을 정확하게 바라보면서 분명하게 머리를 숙여야 하지요. 그것이 진정한 의미의 인사가 아닐까 생각합니다.

저와 관계있는 사람, 제가 하고 있는 업무나 소유하는 물건에 대해 느끼는 감사함과 공경심을 소중히 하며 살고 싶습니다. 인사는 언뜻 다른 사람에게 하는 행위 같지만, 사실은 자신의 인생을 사랑하고 귀하게 여기는 행동이지요. 존중하는 마음을 가장 단적으로 드러내는 행동이 평소에 하는 인사입니다.

마음을 담아 밝은 목소리로 고개를 숙이는 기분 좋은 인사는 상대방뿐만 아니라 자기 자신에게도 공경하는 마음을 전달해 줍니다.

등을 바르게 펴고

분명하게 고개를 숙이기.

상대방의 눈을 보고 인사하기.

공경하는 마음을 담은 인사는

좋은 하루를 불러옵니다.

습관이 많아지면
인생이 여유로워집니다

 감사하게도 저는 일을 힘겹게 느끼거나 그만두고 싶었던 적이 한 번도 없습니다. 그러니 저에게 매일 아침에 하는 출근은 당연한 일과지요.

 습관은 익숙해지기까진 꽤 시간이 걸리지만, 한번 몸에 밴 다음에는 지키지 않으면 오히려 마음이 불편해지는 것 같아요. 마치 아침에 하는 양치질이나 몸단장처럼 말입니다. 만약 평생 현역으로 일하고 싶다면, 일하기를 습관으로 만들어 놓는 게 가장 좋을지도 모르겠네요.

 혹 예순 살쯤 직장을 그만두더라도, 아직은 젊으니까 뭔가 새로운 일을 시작해서 매일의 습관으로 삼아 보세요.

한 번쯤 해 보고 싶었던 일을 시도해도 좋고, 건강과 식사에 집중하는 삶도 좋습니다. 어떤 생활이 습관이 되면 스스로 만족할 수 있을지 생각하는 시간도 의미 있지요.

저는 매일 아침 제일 먼저 출근해서 다른 사람보다 일찍 약국에 섭니다. 그리고 약국이 문을 닫을 때까지 있다가 제일 나중에 퇴근하지요. 함께 일하는 직원과 손님을 맞이하고, 또 배웅하는 것이 제 습관이자 제가 바라는 저의 모습입니다.

일 이외의 습관이라면 아침에는 효소를 먹고, 밤에는 보상으로 맥주를 마십니다. 외출을 할 때에는 꼭 눈썹을 그리고 립스틱을 바른 다음 볼 터치를 합니다.

예전에는 매달 큰길에 있는 미용실에 들러 파마와 염색을 했는데, 요즘에는 다리 재활 훈련도 있고 해서 방문 미용사님께 부탁해서 머리 손질을 받고 있어요.

일하는 습관, 건강을 위한 습관, 몸을 단정히 하는 습관. 이것들은 저에게 매우 중요한 습관입니다. 어떤 일이 습관으로 자리 잡으면 귀찮게 느껴지지 않습니다.

습관이 많으면 많을수록 마음도 몸도 바빠져서 기력도 근력도 잃지 않을 수 있겠지요. 그러니 나이가 많아질수록 다양한 습관을 갖는 것이 건강하게 오래 사는 비결 중 하나라고 생각합니다.

습관이 되면 귀찮다거나 싫다고 생각할 겨를도 없이 몸이 알아서 움직여 버려요. 그러면 신기하게도 인생에 오히려 '틈'이 생겨납니다. 여유가 생긴다고 할 수 있지요.

그리고 그 여유에서 하고 싶은 일을 할 여력이 생깁니다. 습관의 '틀'을 만드는 일이 생각지도 못한 새로운 바람을 불러일으키는 것이지요.

요즘 제가 새롭게 습관을 들이고자 몰두하는 것은 컴퓨터와 스마트폰입니다. 헤매거나 누군가한테 물어보지 않아도 척척 다룰 수 있을 만큼 능숙해지고 싶습니다.

나이가 몇이든 도전은 할 수 있고, 새로운 습관도 충분히 만들 수 있습니다.

그렇다고 처음부터 너무 어려운 목표를 세우면 작심삼일로 끝날 수 있어요. 저는 웬만해서는 허황된 목표를 잡지 않는 편이지만, 그럼에도 꿈이 지나치게 커서 포기한 일이 많습니다.

처음에는 되도록 작은 일부터 시작해 보세요. 이것만큼은 꼭 매일 하겠다는 일을 가능한 범위 안에서 해 보는 거지요. 아니면, 실제로 하지 않더라도 일단 마음속으로 생각하는 것부터 시작해도 좋습니다. '아, 이걸 할 수 있게 된다면 좋겠는데!'라면서 마음이 움직이는 것도 의미 있는 첫걸음입니다. 자, 같이 한 걸음 떼 봅시다.

습관이 많아지면

마음에 여유가 생기고

몸이 가벼워집니다.

이렇게 만들어진 여백에는

새로운 바람이 불어옵니다.

독이 되는 '당연함', 약이 되는 '당연함'

앞에서 매일 아침에 하는 출근은 저에게 당연한 일과라고 말씀드렸지요. 그런데 이와 같은 '당연함'에도 독이 되는 것과 약이 되는 것이 있습니다.

'이게 당연한 거니까 제대로 해야 해.'

우리가 이렇게 생각할 때는 몸과 마음에 좋은 약이 됩니다. 내가 해야 할 일이 명확하고 습관으로 자리 잡았다면, 그 행동에 의문을 품거나 부정적인 감정을 느낄 필요도 여지도 없지요.

말하자면, 약이 되는 '당연함'에는 불필요한 고민이 끼어들지 않습니다. 잡념 없이 그 일에 곧바로 몰입할 수 있는 상태가 되지요. 아무런 의심 없이 한 가지 목표를 향해 나아갈 때 사람은 강해지고 큰일도 해낼 수 있습니다.

그리고 무엇보다 고민에 빠지지 않습니다.

가령, 전쟁 중 폭탄이 떨어지던 시절에는 어떻게든 살아남는 것이 하루의 유일한 목표여서, 그 외에는 아무것도 보이지 않았습니다. 다른 고민을 할 여유가 없었지요.

또 전쟁이 끝나고 모두가 가난에 허덕이고 일거리가 부족했던 시기에는 눈앞에 주어진 일을 그저 열심히 할 뿐이었습니다. 그때 역시 무언가 다른 고민을 하는 것은 사치에 불과했지요.

고민이라는 건 여유가 생겼을 때 시작됩니다. 생명에 대한 위협이 사라지고 여유가 생기고 나서야, 비로소 이 일이 나에게 맞는지 아닌지 등을 생각하게 되지요.

일에 대한 고민이 시작되고 하기 싫다거나 그만두고 싶다는 생각이 든다는 건 사실 지금 그만큼 여유롭다는 뜻입니다. 그러니 하기 싫다는 생각이 들 때는 그 뒤에 자리한 풍요를 알아차릴 필요도 있습니다.

하지만 누군가에게 강요받은 '당연함'은 종종 몸과 마음을 무너뜨리는 독이 됩니다. 그런 '당연함'은 한 번쯤 의심해 볼 필요가 있지요.

직원들 중 약국에서 가장 오래 일한 저는 평소에 누군가에게 나의 생각을 강요하고 있지는 않은지 자주 돌아봅니다. 이런 이유에서 의식적으로 젊은 사람들의 의견과 생각을 중요하게 여기려고 노력하지요.

히루마 약국의 벽에는 저희가 추구하는 이상과 꿈을 그림과 사진으로 표현한 '꿈의 지도'가 걸려 있습니다. 젊은 약사들의 아이디어를 바탕으로 직원 모두가 함께 그린 것이지요.

'어머니의 날'에 카네이션을 한 송이씩 건네 드리는 소소한 이벤트도 벌써 몇 년간 이어 오고 있습니다. 이 역시 젊은 직원의 제안으로 시작한 것입니다.

여성뿐 아니라 남성에게도 드리는데 "아니, 왜 저에게?"

라고 묻는 손님도 있어요. 그럴 때 "손님에게도 어머님이 계실 테니까요"라고 답하면 미소를 띠면서 받아 주십니다. 어머니가 살아 계시든 그렇지 않든 그날 하루만큼은 어머니를 떠올리며 그 기억에 잠겨 보는 것도 멋지지 않을까 싶어요.

물론 이벤트 진행에는 일정 비용이 들어갑니다. 또한 약국은 약을 파는 곳이라는 '당연함'에 비춰 본다면 굳이 하지 않아도 되는 일이기는 합니다.

하지만 그러한 당연함을 허물어뜨리는 도전은 새로운 바람을 가져다줍니다. 누군가의 아이디어에 맞춰 다 같이 힘을 합치면 기분전환도 되고 동료애도 돈독해지지요.

실제로 이 '어머니의 날' 이벤트가 반응이 좋아서. 세쓰분(節分, 일본 명절 중 하나로 입춘 전날을 말함)이나 핼러윈, 크리스마스에도 손님들에게 작은 선물을 드리고 있어요.

혼자서는 어려워도, 누군가와 함께 새로운 아이디어를 실현하는 일은 매일 할 수 있는 작은 도전입니다.

약이 되는 당연함은 고민을 날려 주고

독이 되는 당연함은 마음의 벽을 만듭니다.

한 번씩 자신의 '당연함'을 되돌아보며

새로운 바람을 느껴 보세요.

저도 열심히 살겠습니다

 이곳 병원 주변에는 약국이 촘촘히 들어서 있습니다. 처음 아즈사와 거리에 저희가 문을 열 때만 해도 두 군데뿐이었는데, 지금은 일명 '약국 거리'라고 불릴 만큼 많은 약국이 줄지어 서 있지요.

 저희는 서로 경쟁자이지만 동시에 이웃이기도 합니다.

 2015년 후생노동성은 '병원 앞 약국에서 동네 단골 약국으로'라는 슬로건을 내세우며, 약국이 지역 사회에 기반한 형태로 자리하도록 했습니다. 그러면서 사람들에게 단골 약국과 약사를 정해 두길 권했지요. 이는 '손님이 자신과 맞는 약사를 선택하는 시대'가 되었음을 의미했습니다.

이러한 변화 속에서 약국은 서로 경쟁하기보다는 각자의 장점을 살리는 쪽이 모두 함께 살길이라고 생각하게 되었습니다. 그러면 손님들도 서로 다른 특징을 지닌 약국 중에서 자신과 잘 맞는 곳을 선택할 수 있으니 일석이조이지요.

히루마 약국의 특징이나 강점은 저희들이 파악하기보다는 주로 손님들이 알려 주실 때가 많습니다.

"뭔가 들어오게 만드는 분위기가 있어요."
"약사님이 이야기를 잘 들어 주세요."

앞서 히루마 약국은 전쟁 중 공습을 피해 나가노로 피난을 떠났던 아버지가 폐허로 변한 도쿄로 돌아와 빈손으로 시작하신 곳이라고 말씀드렸지요.

그 당시에는 의사가 많지 않아서 약은 물론이거니와 건강에 관한 상담도 모두 약사들이 맡곤 했습니다. 또 약사의 판단에 따라 약을 판매할 수 있었기에 약국은 병원보다 쉽게 찾을 수 있는 '구제소' 같은 곳이었지요. 아버지도 저도 그런 마음으로 최선을 다해 손님들을 대했습니다.

멀고먼 어려운 시절에 지녔던 저희 아버지의 마음을, 그 이후 저의 마음을, 지금 며느리와 손자 그리고 함께 일하는 다른 약사들이 이어 주고 있다는 건 더할 나위 없이 기쁜 일이에요.

"저는 에이코 선생님과 이야기할 수 있어서 이곳에 와요."

참 감사하게도 이렇게 말해 주시는 분도 계십니다. 나이 든 분들은 자신의 몸과 마음, 또 노화에 대해서 느끼는 불안을 젊은 사람에게는 털어놓기 어려울 때가 있습니다. 그런 점에서는 제가 딱이지요. 손님이 아무리 나이가 많으시더라도 저와 같은 비슷한 연배거나 저보다 젊으시니, 제게는 훨씬 편하게 말을 꺼내시는 것입니다.

한편, 나이가 든 약사가 할 수 있는 일 중에는 늙어서도 행복하게 지내는 모습을 젊은 사람들에게 보여 주는 것도 있을지 모릅니다.

그래서 몇 년 전 고관절 부상을 당한 뒤로 지팡이와 보행 보조기구를 쓰면서도 재활 훈련을 꼬박꼬박 받고 있습니다. 이런 저의 모습을 보고 젊은 사람들이 "저도 열심히 살겠습니다!" 하고 말해 준다면 약사로서 그보다 큰 행복은 없을 거예요.

대단치는 않더라도 매일 하는 저의 작은 노력이 이웃 분들에게 용기를 줄 수 있다면, 저는 얼마든지 다시 힘을 낼 수 있을 것 같습니다.

> 혼자서만 이기려고 하기보다는
>
> 자신만의 강점을 살려 가며
>
> 다른 사람과 함께 살아가기.
>
> 회사에서든, 동네에서든
>
> 우리는 늘 누군가와 함께 존재해야 합니다.

인생은
예순 살부터

 오랜 세월 손님을 대하다 보니, 고령인데도 건강한 분들에게는 공통점이 있다는 사실을 알게 되었습니다. 바로 다음과 같은 점입니다.

 '젊은 시절부터 균형 잡힌 식사를 하고, 잠을 충분히 자며, 적당한 운동과 스트레스 해소법을 실천하면서 늘 왕성하게 활동한다.'

 정년퇴직 등으로 집에 있는 시간이 늘면 대부분 사람은 급속도로 매사가 귀찮아집니다. 그러니 은퇴 후에도 일하던 때처럼 활발하게 생활하기 위해 노력해야 건강을 오래 유지할 수 있어요.

제가 지금도 건강하게 일할 수 있는 건 며느리이자 약사인 기미코가 매일 영양을 챙긴 도시락을 준비해 주고, 낮에는 열심히 일하고 밤에는 푹 자기 때문이라고 생각합니다. 또한 다른 사람과의 대화는 연령에 상관없이 모든 이의 뇌를 건강하게 해 주는 약과 같은데, 그런 의미에서 저는 약을 내드리면서 손님들에게 건강을 받는 것 같습니다. 참으로 감사한 일이지요.

직장에 다니는 분들은 보통 예순 살이나 예순다섯 살에 정년을 맞이합니다. 그런데 요즘 육십 대는 대부분 현역이라고 해도 어색하지 않을 만큼 건강하세요. 손자를 돌보는 분들은 아이에게 에너지를 받고 아이와 놀면서 체력이 붙어서인지, 때로 젊은 사람보다 건강한 경우도 있습니다.

게다가 이제는 백세 시대여서 퇴직하고도 40년을, 그러니까 일하며 사회생활을 했던 시간만큼을 또 살아야 합니다. 은퇴 후 제2의 인생을 '여생'이라 부를 수가 없게 됐지요.

새로운 직장에서 일할 수 있다면 그러는 편이 좋겠지만, 그게 아니더라도 저는 이 시간이 예전부터 해 보고 싶었거나 배우고 싶었던 일에 도전할 수 있는 기회라고 생각해요.

남편을 먼저 보낸 육십 대 여성이 흥미로운 일이라면 이것저것 따지지 않고 시도해 보다가 노인복지센터에서 파스텔 아트와 꽃꽂이를 가르치는 일을 시작했다거나, 은퇴 후에 부부가 함께 찻집을 열었다는 이야기를 들을 때면 괜스레 저도 힘이 납니다.

건강하고 활기차게 오래 살기 위해서는 도전을 멈추지 않는 태도가 필요하지요. 사회와의 연결고리를 끊지 않는 것이 건강의 비결이라는 말은 하나도 틀리지 않습니다.

그리고 가능하다면 자원봉사보다는 돈을 벌 수 있는 일을 하는 편이 좋습니다. 돈을 받게 되면 직업의식이 생기거든요. 여기서 비롯된 좋은 의미의 긴장감은 뇌를 활성화해 줍니다.

지금 당신이 사십 대 혹은 오십 대라면, 은퇴 후에 할 일을 미리 생각해 보면서 즐거운 상상을 해 보세요. 남편이나 아내와 함께 새로운 도전을 한다는 건 참으로 멋진 일입니다. 틀림없이 즐거운 날들이 기다리고 있을 거예요.

울어도 웃어도, 누구에게나 인생은 단 한 번뿐입니다. 큰맘 먹고 지금까지 해 보고 싶었지만 하지 못했던 일에 도전해 보세요. 그게 바로 행복한 노후를 보내는 비법입니다.

제2의 인생은 40년이나 됩니다.
지금부터 뭔가를 시작해 봐도
좋지 않을까요?

세 살 버릇
여든까지

학생 시절에도 어른이 되어서도, 저는 새로운 세상을 보는 게 좋아서 여행을 많이 다녔습니다. 결혼 후에는 유럽을 비롯한 외국 이곳저곳을 남편과 자주 돌아다녔지요.

언제부터 여기저기 다니는 것을 좋아했는지 생각해 보면 초등학교 2학년 때의 일이 떠오릅니다.

스가모에 있는 다이쇼 대학 선생님에게 붓글씨를 배우기 시작한 무렵이었어요. 하루는 선생님이 "우에노에 있는 미술관에 내 보자"라고 말씀하셨고, 그 뒤에 정말 대여섯 명의 아이들이 쓴 붓글씨를 미술관에 전시하게 되었습니다.

저는 '춘근유매지(春近有梅知, 봄이 가까워짐을 매화는 알고 있네)'라고 적고, 그 아래 낙관을 찍어 나름의 야심작을 냈지요.

우리는 작품이 전시되는 동안 선생님과 함께 미술관에 다녀오기로 했습니다. 그런데 그날 제가 약속 시간에 늦는 바람에 함께 갈 수가 없었습니다. 선생님 댁에 가니 이미 다들 떠나고 없지 뭐예요. 하지만 어떻게든 꼭 전시장에 가고 싶었던 저는 포기할 수 없었습니다.

이케부쿠로에서 전차를 타고 우에노까지, 손에 7전을 쥐고 미술관으로 향했지요. 가족이랑 미술관 근처 우에노 동물원에 자주 갔던 기억을 더듬으며 모험을 감행했습니다. 우마야바시행 전차에 올라 오쓰카 3번가에서 우에노행으로 갈아탄 다음, 시노바즈 연못 근처에 오면 우에노역이니 거기서 내려서 미술관까지 혼자 걸어갔습니다.

도착해 보니 이미 다들 보고 간 터라 혼자서 제 '작품'을 확인하고 다시 전차를 갈아타며 집으로 돌아왔어요. 집에 와서는 당연히 부모님께 아주 혼쭐이 났습니다. 하지만 보고 싶다는 마음 하나에 이끌려 떠났던 모험에 대한 기억은

제 머릿속에 선명하게 각인되었지요.

신기하게도, 얼마 전에 그때 전시됐던 붓글씨를 찾았습니다. 어릴 적 피난을 떠날 때 가지고 갔던 물건 중에 그게 들어 있었다는 걸 우연히 알게 된 것이지요. 막 꺼내 보았을 때는 너덜너덜한 상태였는데, 아는 표구사 분이 다듬어 주셨더니 옛날의 멋진 모습을 되찾았습니다.

서예와 여행은 이후로도 쭉 제 인생을 윤택하게 해 주는 즐거운 취미생활이었습니다. 그리고 제 안의 '모험심'도 여전히 그대로라고 생각해요.

'세 살 버릇 여든까지 간다더니, 정말이구나.'

이제 벽에 걸어 둔 붓글씨를 볼 때마다 그때 생각이 떠오르고 저도 모르게 입가에 미소가 새어 나옵니다. 역시 사람의 근본은 달라지지 않는 법인가 봅니다.

은퇴 후 혹은 나이가 들어서 뭔가 새로운 일을 시작하거나 취미를 갖고 싶은데, 뭘 하면 좋을지 몰라 헤매고 계신가요? 그럴 때는 어렸을 때 내가 어떤 성격이었고, 뭘 좋아했는지를 떠올려 보세요. 자연스럽게 하고 싶은 일이 생각날지도 모릅니다.

하고 싶은 일을 하고 꿈을 좇는 건 사실 나이와는 전혀 상관이 없습니다. 집에만 들어앉아 있으면 몸도 마음도 나약해질 뿐이니, 되도록 사회와의 연결고리를 찾아보세요. 소소한 것이라도 좋습니다. 해 보고 싶었던 일에 발을 디디고, 호기심에 다시 한번 불을 붙여 보는 겁니다.

사람은 하고 싶은 일이 생기면 굳이 애쓰지 않아도 자연스럽게 몸이 움직여지는 존재라, 목표가 있을수록 건강하게 생활할 수 있습니다.

나의 성격과 취향은

크게 달라지지 않습니다.

뭘 하고 싶은지 모르겠다면

어릴 적 내가 좋아했던 일을

떠올려 보세요.

다정함이라는 약

3장

마음을 치유하는 경청의 힘

 의사 선생님이 처방한 약을 드릴 때면 이런 걱정을 하는 분이 계십니다.

"약이 이렇게나 많은데 계속 먹어야 할까요?"
"평소에 먹는 영양제랑 같이 먹어도 되나요?"

 이런 사소한 궁금증이나 마음에 걸리는 부분은 언제든지 편하게 약사에게 물어봐 주세요. 괜한 걸 물어보는 게 아닐까 망설이시는 분도 계시지만 괜찮습니다. 약사는 약에 관한 전문가이자 몸과 마음의 건강에 대해 이야기 나눌 수 있는 상담가이기도 하니까요.

내가 먹는 약과 몸의 관계를 파악해 주고, 무엇에 관해서든 상담에 응해 주는 사람이 약사라고 생각합니다. 그래서 가능하면 나를 잘 아는 단골 약사를 정해 두는 편이 좋습니다.

누군가가 내 이야기를 들어 주는 것만으로도 우리의 마음은 한결 가벼워집니다. 나의 말에 귀 기울여 주는 행위 자체가 몸에 좋은 약과 같지요.

저는 누군가 제게 말을 꺼내면 어떤 상황에서든지 "아, 그렇군요" 하고 받아들이는 것부터 시작합니다. 또 상대방이 말하는 도중에는 끼어들지 않고 말을 끝마칠 때까지 귀를 기울입니다. 그렇게 충분히 다 듣고 나서 대답을 하지요.

가령 절대로 해서는 안 되는 일에 대한 이야기를 듣더라도 "그럼 안 돼요. 그러지 마세요"라며 불쑥 다그치지 않습니다. 상대방이 자신이 부정당했다는 느낌을 받으면 제가 이야기를 들어 주는 의미가 사라져 버리기 때문입니다.

사실 절대로 해서는 안 되는 일은 굳이 제가 말하지 않아도 본인이 제일 잘 알고 있을 때가 많습니다. 상대의 잘못된 행동을 고쳐 주고 싶은 마음에 강하게 몰아세우거나 일방적으로 의견을 전달하는 건 그다지 효과적이지 않지요.

'내가 저분이라면 어떤 마음일까?'
'어떻게 전달해야 자신을 이해하고 있음을 느끼실 수 있을까?'

저는 이렇게 고민하면서 제 앞에 있는 사람과 나누는 대화에 진지하게 임합니다.
상대방의 이야기를 듣다 보면 대화를 이어 가려는 마음에 이런 식으로 묻게 될 때가 있습니다.

"아, 그래서 술을 많이 마셨군요. 마시지 않고서는 영 견디기가 힘든가요?"

이런 말을 가족이 하면 말싸움의 불씨가 되지만, 희한하게도 나이가 한참 많은 저 같은 사람이 하면 솔직하게 털어놓는 경우가 많습니다.

"네, 힘들어요. 남편 때문에 너무 짜증이 나서 그런지 자꾸 마시게 되네요."

이런 것을 보면, 좀처럼 떨치기 힘든 습관이나 고민스러운 인간관계에 대한 상담은 가족보다는 조금 거리가 있는 사람에게 하는 편이 좋은 것 같아요. 아무리 가족이 내 이야기를 잘 들어 준다 해도, 이상하게도 인간은 조금 거리가 있는 사람 앞에서 솔직해지는 법이거든요.

적당한 거리감이 있으면 상대방의 반응과 의견을 순수하게 받아들일 수 있고, 조금 객관적인 눈으로 자신을 돌아보게 됩니다.

저는 평소에 손님들에게 약에 관한 궁금증은 물론이고, 건강에 관한 걱정, 꺼내기 어려운 이야기 등등 뭐든 좋으니까 마음 편히 이야기하시라고 기회가 있을 때마다 말합니다.

물론 저는 의사도, 전문 상담가도 아니기에 늘 확실한 답을 드리지는 못합니다. 그래서 다른 전문가를 만나 보는 게 좋겠다고 말씀드릴 때도 있어요.

하지만 가까운 곳에 내 이야기를 들어 주는 사람이 있다는 사실만으로도, 내 앞에 닥친 문제를 조금 작게 받아들이는 데 도움이 될 수 있지 않을까요. 저는 그렇게 믿고 있습니다.

작은 불안은

약사에게 말해 보세요.

차마 가까운 이들에게는 꺼내지 못할 말을

털어놓다 보면 마음이 조금은 편해진답니다.

참견은
만병의 근원

 약사는 남을 걱정하는 게 일이라고 생각해요.

 그런데 자신이 지치거나 우울하면 남을 신경 쓰거나 걱정할 겨를이 없습니다. 혼자서 땅에 발을 딛고 자립할 수 있어야, 진심으로 상대방을 생각하고 살피고 걱정할 수 있지요. 그래서 우선은 제 몸과 마음의 건강을 유지하기 위해 항상 노력하고 있어요.

 누군가를 걱정한다는 건 마음을 나누어 주는 일입니다. 그 사람을 대신해서 어떤 일을 해 주거나, 그 사람이 바뀌기를 기대하는 것이 아니에요.

 저에게 걱정이란 '말 한마디를 건네는 일'입니다. 약을 드리면서 "많이 좋아지신 것 같아요" 하고 짧으나마 관심을 표현하는 말을 건네지요. 그러면 순간 손님 얼굴에 생기가 돌고 표정이 밝아집니다.

진심으로 생각해서 건네는 말 한마디는 별것 아니지만 상대방의 마음에는 깊이 남습니다. 그래서 저는 항상 상대방에 대한 관심을 넌지시, 슬쩍 드러내 보이지요.

다만, '한마디'에서 끝내는 편이 좋습니다.

자꾸 말을 보태면서 다른 사람의 문제에 깊이 관여하려 하면 나그네가 도리어 주인 노릇을 하는 꼴이 됩니다. 말을 하다 보면 자기도 모르게 자신의 가치관과 정당함을 내세우며 상대방에게 설교를 하기 쉽습니다만, 이럴 땐 꾹 하고 마음을 눌러야 하지요.

'당신은 지금 그대로도 괜찮습니다.'

처음부터 이런 마음을 전달하고자 하면 말수는 자연히 줄어들고 한마디로 충분해집니다.

상대방과 적당히 거리를 두어야 마음을 나누어 주고 배려도 할 수 있습니다. 그러니 딱 한마디만 건네고, 딱 한 걸음만 가까이 다가가는 편이 좋지요.

말하자면, '사회적 거리 두기'가 아니라 '심리적 거리 두기'랄까요. 서로서로 마음의 간격을 적당히 유지하면서 가만히 지켜봐 주면 그걸로 충분합니다.

정작 자기 자신의 돌봄을 소홀히 하면서 다른 누군가를 걱정한다면, 이는 진정으로 상대방을 위하는 마음이 아닐지도 모릅니다. 상대방이 자신에게 그렇게 해 주길 바라는, 그 사람을 향한 기대일 수도 있어요.

사실은 내가 나에게 해 주고 싶은 말과 행동을, 다른 사람에게 조언과 도움으로 베풀면서 정작 스스로를 돌보지 않는다면 몸과 마음이 서서히 망가지고 말지요.

혹은 상대방을 걱정하고 신경 쓰면서 그 안에 내가 있을 곳을 마련해 두고 싶은 것인지도 모릅니다.

'만병은 마음에서 온다'는 말이 있는데 어쩌면 만병은 사실 '참견'에서 오는지도 모릅니다. 상대방이 내 생각대로 움직이지 않는다고 "나는 이렇게나 잘해줬는데!"라며 불만을 품는 경우가 있지요.

하지만 사람은 스스로 깨닫고 행동하지 않는 한 결코 바뀌지 않습니다. 다른 사람으로부터 "이렇게 해야 해", "저렇게 하는 게 맞아" 같은 잔소리를 자꾸 듣게 되면, 질려서 아예 마음이 떠날 수도 있어요.

그러면 남는 것은 외롭고 지친, 자신을 돌보지 못한 나뿐입니다. 그야말로 주객전도지요. 이런 상황을 맞는 건 너무 가슴 아픈 일입니다. 그러니 다른 사람을 걱정하기 전에 나를 먼저 돌보세요.

언제 어디서나 제일 우선이 되는 건 나여야 합니다. 내가 안정되고 건강하며 마음이 풍족한 상태에서 건네는 말 한마디에는, 상대를 향한 기대가 아닌 진심에서 우러나온 다정함이 담겨 있습니다.

걱정은 '한마디'면 충분합니다.

상대방에게 관심이 있음을

전하기만 하면 되지요.

그 사람의 마음 깊은 곳까지 들어가

그를 바꾸려고 하면, 그건 참견일 뿐입니다.

진심은 언제나
통합니다

꽤 오래전 일입니다.

칠십 대 중반 정도로 보이는 한 남자 손님이 처방전을 내면서 약은 조금 이따 찾으러 오겠다고 말한 뒤 나가셨어요. 그런데 그분이 돌아오셨을 즘에 손님이 몰리는 바람에 바로 약을 드리지 못했습니다. 이에 그분은 불같이 화를 내며 약국을 나가셨습니다.

저녁때 약국 문을 닫고 나서 그분께 사과드리려고 댁에 찾아갔습니다. 그분은 현관문 앞에서 "아, 됐어요. 알겠다니까요" 하며 귀찮다는 듯 얼른 저를 보내려고 하셨지요. 하지만 어째서인지 대충 넘어가고 싶지 않았던 저는 무슨 형

사 드라마의 한 장면처럼 눈앞에서 닫히는 문을 척 붙들고 말했습니다.

"아니요, 부탁이니 제 이야기를 좀 들어 주세요."

그러고 나서 천천히 말을 이어 나갔습니다.

"제 실수로 손님께 불쾌한 일을 겪게 해서 정말로 죄송합니다. 그런데 왜 그렇게 화를 내실 수밖에 없었는지 알고 싶습니다. 그냥 모르는 채로 있자니 저도 영 마음이 불편해서요. 괜찮다면 저에게 좀 이야기해 주실 수는 없을까요?"

제 성화에 못 이겼는지 손님이 한숨을 내쉬며 천천히 입을 여셨습니다.

"사실은 몇 개월 전에 아내가 세상을 떠났어요. 홀로 남겨지니까 외로운 데다 청소며 빨래며 전부 혼자 해야 하는

데, 약까지 타러 가야 하니……. 마음만 급해져서는 저도 모르게 말이 심하게 나와 버렸어요. 그런데도 걱정하며 이렇게 찾아와 주시다니 정말 감사합니다."

 물론 요즘 세상에 닫히는 문을 붙잡고 얘기 좀 하자고 했다가는 경찰에 신고를 당할지도 모르지요. 하지만 저는 동네 약국은 손님들의 '구제소'와도 같은 곳이라는 생각을 갖고 있기에 포기하고 싶지 않은 마음이 더 컸어요.
 어쩐지 그날은 그대로 가면 안 되겠다는 느낌이 들었고, 그런 저의 감을 믿었습니다. 덕분에 손님이 마음을 열어 주셨다고 생각해요.
 저의 경험에 비추어 보면, 클레임을 걸거나 크게 화를 내는 사람 안에는 커다란 아픔이 있는 경우가 많습니다. 둘 곳 없는 슬픔이 화가 되어 뿜어져 나오기도 하지요. 특히 혼자 사는 노인 분들이 갖고 있는 불안과 외로움이 얼마나 큰지는 겪어 보지 않은 사람은 모를 거예요.
 게다가 지금은 그런 분들이 예전보다 훨씬 많아졌습니다.

나이팅게일은 이런 말을 남기기도 했었지요.

"두려워하면 아주 작은 일밖에 하지 못한다."
"내 성공의 근원은 결코 변명하거나, 변명을 받아들이지 않았던 데 있다."

저는 간호사는 아니지만, 깊은 슬픔과 분노를 품은 사람을 만날 때면 심기를 건드리지 않도록 조심조심 대하거나, 당황해서 어쩔 줄 몰라 도망치지 않습니다. 끝까지 신념을 가지고 상대방을 똑바로 마주하려고 하지요.

그리고 변명을 하거나 핑계를 대지 않고, 눈앞에 있는 사람에게 최선을 다해서 오롯이 진지하게 대응합니다. 이것은 제가 오랫동안 소중히 지켜 온 철칙입니다.

아마도 이건 저에게만 해당되는 이야기는 아닐 겁니다. 직업을 가지고 있든 그렇지 않든, 모든 사람에게 의미 있는 지침이라고 생각해요.

두려워하지 말고 자신의 의견을 전달하기. 자신의 잘못은 당당히 인정하기.

이런 용기가 있다면 언제든 길은 열립니다.

진지하고 솔직하게 상대방과 마주하기.

핑계나 변명이 아닌

신념을 가지고, 성실히

자신의 생각을 전해 보세요.

몸과 마음이 가벼워지는 사고방식

매일같이 손님과 이야기하고 약을 건네다 보면, '만병은 마음에서 온다'는 말이 정말이구나 싶습니다.

누구든지 살다 보면 안 좋은 일을 겪기 마련입니다. 그럴 때 속앓이를 하다 보면 그다음에는 몸까지 아파 오지요. 그런 분들에게는 우선 이렇게 전하고 싶어요.

"자기 자신을 용서하세요."

많은 이들이 과거 또는 현재의 자신을 책망하다가 밤잠을 설칩니다. 불면증에 시달리고 위장 문제를 겪습니다. 그러다 보면 결국 병이 찾아들게 되지요. 비난은 우리에게 해롭기만 합니다.

물론 나를 비난하든 다른 사람을 비난하든 마찬가지예요. 누군가를 비난하고 그 사람을 향한 분노를 품고 지내는 일은, 자기 자신을 탓할 때와 마찬가지로 몸과 마음에 해롭습니다.

'나는 왜 이런 병에 걸린 거지?', '왜 나는 제대로 하는 일이 없는 걸까?' 하고 스스로를 몰아세워 봤자 득 될 건 하나도 없어요. '왜?'라는 질문은 답하기 힘든 힐문과 같아서 괴로움만 줄 뿐입니다.

애초에 인간은 어느 누구도 완벽하지 않습니다. 부족한 부분에만 주목해서 계속 우울해하면 순식간에 세상이 어두컴컴해지지요.

먼저 스스로를 용서하세요. 내가 나의 편이 되어 주는 겁니다. 그러지 않으면 난관에 맞서 싸우거나 질병을 이겨 낼 강인함이 생기지 않아요. 그러니 자신을 향해 던지는 말은 반드시 스스로를 보듬고 격려하는 말로 바꿨으면 합니다.

"고마워."

"고생했어."

"대단하다."

"할 수 있어!"

매일 나에게 건네는 따뜻한 말은 반드시 나를 강하게 만듭니다. '나는 언제나 나의 편'이라는 마음으로 스스로에게 다가가길 바랍니다. 또 늘 애쓰고 있는 우리 몸에게도 다정하게 말을 건네 주세요.

저는 다리가 아파서 힘들 때 가만히 다리를 쓰다듬으며 "오늘 하루도 고생했어. 고마워" 하고 말하곤 하는데, 신기하게도 이렇게 하면 고통이 덜해지고 다리에 더 힘이 들어가는 느낌이 듭니다.

저는 약사지만 약에만 의존하는 생활은 권해드리고 싶지 않습니다. 요즘에는 불면증에 시달리는 분이 늘어나고 약을 먹지 않으면 잠이 오지 않는다는 분이 많습니다. 그런 분에게 무리해서 약을 끊으라고 하지는 않습니다만, 불면증의 진짜 원인을 찾아 해결하는 것이 더 중요하다고 말씀드립니다. 스트레스로 위가 아픈 분에게도 마찬가지예요.

약이 당장의 증상을 가라앉혀 줄 수는 있습니다. 하지만 생활과 환경을 함께 바꿔 주어야만 나아지는 경우도 있습니다. 마음이 지금의 상황을 거부하고 도와 달라고 외치는 상태가 병으로 나타날 때입니다.

이럴 때 필요한 건 약이 아니지요. 마음속에 부둥켜안고 있는 감정으로 눈을 돌려야 합니다. 내 마음속 이야기를 터놓을 수 있는 곳을 찾아야 합니다. 그래서 아무리 바쁘더라도 하루에 30분 정도는 나를 위한 시간을 만드는 것이 중요합니다. 그때에 몸을 누그러뜨리고 하루의 긴장을 푸는 것이지요.

저의 '힐링 아이템'은 매일 밤 일이 끝나고 마시는 맥주 한 캔입니다. 맥주 캔을 딸 때 나는 '치이익' 하는 소리가 뭐라 표현 할 수 없을 만큼 좋아요. 이 시간 동안 저는 내일을 위해 몸과 마음을 재정비하곤 합니다.

자신만의 힐링 타임과 아이템을 만들어 두세요. 나에게

집중하면서 몸과 마음에 휴식을 주고, 속마음을 터놓을 장소를 찾는 것. 이런 습관이 의외로 우리 몸에 잘 듣는 약이 되어 주기도 합니다.

만병은 마음에서 옵니다.

자신의 마음을 돌보는 일이

병을 막고 증상을 완화해 주지요.

행복해지기 위한 노력은

나에게 꼭 맞는 약이 되어 줍니다.

걱정할 틈을
만들지 않기

저는 앞일을 미리 걱정하지 않습니다.

반쯤은 농담이지만, 앞으로 남은 인생이 얼마 되지 않아서인지도 모르겠네요. 아무튼 제가 걱정을 하지 않는 이유는, 안 좋은 일은 보통 일어난 그 순간에 생각하면 되기 때문입니다.

고관절에 금이 가서 입원하고 재활 훈련을 할 때도 다시 약국에 서서 일하고 싶다는 일념 하나로 힘을 냈습니다. 걷지 못하는 상황을 가정하고 고민한들 그건 그저 공상일 뿐이니까요.

그 순간이 오지 않을 수도 있고, 두려워하던 일이 실제로 일어난다 해도 어떤 느낌일지는 그때 가 봐야 알 수 있지요. 그래서 앞일은 생각하고 싶지 않고, 아직 일어나지 않은 일은 걱정하지 않습니다.

얼마 전 한 손님과 이야기를 나누다가 요즘 다가오지 않은 미래에 대한 걱정을 하는 사람이 많다는 사실을 알게 되었습니다.

하지만 걱정은 미래에 나쁜 일이 생긴다고 예측하는 것과 같습니다. 그리고 아무리 걱정을 해 봤자 안 좋은 일이 일어나는 걸 막을 수는 없지요. 도리어 나쁜 쪽으로만 생각하면 의도치 않게 그 일을 불러들일 수도 있습니다.

"다가올 일만 생각하기보다는, 지금 당장 즐거운 일을 해 보는 게 어떠세요?"

저는 걱정이 많은 손님에게는 늘 이렇게 전합니다.

걱정을 한다는 건 걱정을 할 시간이 있다는 뜻입니다. 매일 눈앞에 해야 할 일이 산더미같이 쌓여 있으면, 그 일들을 해치우느라 애초에 걱정에 빠질 여유가 없지요. 지금 해야 할 일 혹은 하고 싶은 일로 현재의 시간을 채워 보세요.

물론 미래를 준비해 두면 좋을 때도 있습니다.

병에 걸리지 않기 위해 건강한 식생활을 한다든지, 자식들이 싸우지 않도록 미리 유산 상속에 대해 정리해 둔다든지 하는 일 말이지요. 이는 다가올 미래를 앉아서 걱정만 하는 게 아니라, 행동으로 그에 대비하는 쪽이기에 오히려 긍정적입니다. 그러니 걱정이 든다면 걱정을 해소하기 위한 행동도 같이 하는 것이 좋아요.

다만, 도저히 해결할 방법이 없는 일이라든가, 실제로 일어날지 아닐지도 모르는 일에 대한 걱정은 잊어버리는 편이 낫습니다. 지금 눈앞의 일, 뭔가 즐거운 일에 몰입하는 편이 몸과 마음 그리고 인간관계에 훨씬 이롭지요.

그럼에도 미래에 대한 불안이 사그라들지 않고 자꾸 걱정에만 얽매이게 된다면 생각을 글로 적어 보세요. 일단 내 안의 생각부터 밖으로 꺼내 보는 겁니다. 이 사소한 일이 생각보다 효과적이에요. 막상 글로 적어 보면 의외로 쉽게 깨닫게 되기도 합니다. 실현될 가능성이 있는지 없는지도 모르는 일에 대한 걱정이 그동안 계속 자신의 몸과 마음을 좀먹고 있었다는 것을 말이지요.

저는 오랫동안 서예를 해 왔습니다. 서예에는 마음을 가지런히 해 주는 힘이 있지요. 하얀 종이 위에 써내는 글씨에 집중하다 보면 머리에서 고민이 스르륵 빠져나갑니다.

몸을 움직이는 습관이 있으면 걱정을 다스리는 데에는 더 좋아요.

젊을 때는 저도 배구부에 있으면서 9인제 배구 후위에서 센터로 활약했습니다. 이런 동아리나 취미활동은 공동체에 소속되다 보니 몸과 마음을 건강하게 유지하는 데 더욱 도움이 됩니다. 가끔은 인생을 함께하는 인연도 만날 수 있지요. 손자 고지로만 해도 중학교 때부터 대학교 때까지 배구부에서 활동한 덕에 지금도 많은 친구와 교류하고 있어요.

격렬히 몸을 움직이는 활동은 아니지만, 나이 들고 나서 취미로 노(能, 일본 전통 가면 음악극)를 시작하는 분도 있습니다.

오래도록 건강하게 살려면 근력을 유지해 주는 운동과 사람들과의 모임을 빼놓아서는 안 된다고 생각합니다. 어떤 활동이든 좋습니다. 중요한 것은 일단 시작하고, 꾸준히 하는 것이겠지요.

앞일을 걱정하기보다는

오늘을 즐겁게 보낼

방법을 생각해 보세요.

지금에 몰두하면

걱정할 틈이 없습니다.

사람은 언제나 함께 살아가야 합니다

아무렇지 않게 건네는 말 한마디에도 다른 사람을 기운 나게 하는 온기를 담을 수 있습니다.

앞에서도 말했지만, 저는 슬며시 말과 손을 건네는 일이 약사로서의 제 삶 그 자체라고 느낍니다. 그래서 걱정 어린 말을 건네거나, 작은 일에 손을 보태거나, 손님이 돌아갈 때 지그시 손을 잡기도 하지요.

손님이 부디 힘을 내시기 바라는 저의 마음은 손님에게 닿았다가 메아리가 되어 고스란히 돌아와, 도리어 제게 힘을 줄 때도 많습니다.

정형외과를 다녀온 손님에게는 파스를 내드릴 때가 많은

데, 파스는 꾹꾹 눌러 붙여야 한다는 게 제 신조예요. 그래서 손님께 항상 밝은 목소리로 전합니다.

"꾹꾹 눌러 붙이세요. 그러면 우리 몸이 나으려고 반응하니까요."

다만, 요즘은 혼자 사시는 분이 많아서 등이나 허리에 파스를 붙여 줄 사람이 없는 경우도 많습니다. 연고를 혼자서 바르기 힘들 때도 있지요. 그럴 때 저는 천연덕스럽게 묻습니다.

"파스, 여기서 붙이고 가실래요?"

물론 약사가 그렇게까지 해 주리라고는 생각지 않기에 놀라는 손님도 계시지요. 하지만 화장실에 가서 파스 붙이는 걸 도와드리면 큰 짐을 덜었다는 듯한 표정을 짓는 분도 계십니다.

다른 이의 도움을 받는 것을 흔히 '손을 빌렸다'고 표현하듯이, 사람의 온기가 담긴 손을 건네는 일은 때로는 누군가에게 약이 되기도 합니다.

저는 파스나 연고가 처방될 때뿐 아니라 곤란한 일이 생기면 언제든지, 매일이라도 들르시라고 말합니다. 기꺼이 도와드리겠다고 말이지요. 그리고 손님이 문을 나설 때면 "또 오세요!" 하고 외칩니다.

다른 사람의 도움을 받는다는 건 결코 창피한 일도, 미안한 일도 아닙니다.

내가 할 수 없는 일을 그 일이 가능한 누군가에게 부탁하는 것이 따뜻한 인간관계를 만들어 낸다고 생각해요. 도움을 청하는 것이 누군가에게는 다정한 마음을 밖으로 꺼내 보이는 계기가 되기도 하지요.

사람은 함께 어울려 사는 존재입니다. 내가 건강할 때는 누군가에게 손을 빌려주고, 내가 할 수 없는 일이 생기면 누군가의 손을 빌려야 하지요. 저는 그렇게 살아가고 싶습니다.

그렇게 하기 위해서는 평소에 사람들에게 말을 건네야 합니다. 내 마음의 창을 활짝 열어 두고, 있는 그대로의 나를 소중히 여기는 사람을 곁에 두어야 하지요.

다만, 때로는 나를 위한 말이 듣기에 불편한 경우도 있음을 염두에 두어야 합니다. 꼭 필요한 순간에 진심으로 직언해 주는 사람이 있다면, 이를 감사히 여겨야 한다는 것 역시 잊으면 안 되지요.

좋은 약이 입에 쓰듯 잘 듣는 약은 삼키기 어려운 법입니다. 말도 이와 다르지 않아요. 진짜 도움이 되는 말은 듣기에 거북하지요. 하지만 허울만 좋은 관계에서는 이렇듯 진심으로 마음을 울리는 말이 오가지 않습니다.

서로의 몸과 마음에 파스를 붙여 줄 수 있는 따뜻한 관계를 감사히 여기고, 때로는 감히 쓴 말도 건넬 수 있는 사람을 소중히 여겨야 합니다. 어떤 상황에서든 서로 도움을 주고받을 수 있는 관계. 사람들과 인연을 맺고 그런 소소한 유대감을 쌓으며 산다면 비록 혼자 있다 해도 고독에 마음을 갉아먹히는 일은 없을 겁니다.

나 혼자 할 수 없다면

다른 이에게 도움을 청하기.

다른 이의 직언에도 귀 기울이기.

그럴 수 있다면 당신은 진정한 어른입니다.

감사는
최고의 보약

 평소에 저는 다른 사람을 험담하거나 비난하는 일을 되도록 삼가려 합니다.

 그 대신 가능한 자주 입에 올리는 말은 '감사합니다'입니다. 이게 바로 제 건강의 원천이라고 생각해요. 험담과 비난은 말하면서 자신도 듣게 되어서 나도 모르게 기분이 나빠지거든요.

 나이가 들면 아무래도 다른 사람에게 부탁할 일이 많아지는데, 아무리 작더라도 해 주는 게 당연한 일은 하나도 없습니다. 돈을 지불하는 경우에도 마찬가지예요. 제가 혼자 할 수 없는 모든 일이 누군가의 손을 거쳐 이루어지고 있다고 생각하면 참으로 감사한 마음이 듭니다.

그러니 하루에 '감사하다'는 말을 입에 담는 횟수는 혼자서는 할 수 없는 일이 이루어진 횟수이자, 곧 행복의 횟수라고 생각해요.

"잘 먹겠습니다."

이 간단한 말도 이와 다르지 않습니다.

요즘에는 돈을 내고 음식을 사 먹을 때면 굳이 이런 말을 할 필요가 없다고 생각하는 사람이 많은 것 같습니다. 하지만 돈을 냈든 안 냈든, 이런 인사는 원래 음식을 준비하고 차려 주심에 감사함을 표하는 말이니 중요하게 여겨야 합니다.

'감사합니다'와 '잘 먹겠습니다'를 매일 입에 올리면 하루 동안 감사할 일이 참 많이도 일어남을, 자신이 많은 사람의 도움 속에서 살고 있음을 깨닫게 됩니다. 나이가 들어서도 매일의 인생이 풍요롭다고 느껴지는 순간이지요.

'감사합니다'는 저를 위한 말이기도 합니다.

요즘에는 의료 기술이 발달해서 육십 대, 칠십 대는 아직 젊고 일도 할 수 있는 나이가 되었지요. 하지만 팔십 대 중반을 넘어서면 지금까지 당연했던 것들이 더 이상 당연하지 않게 됩니다. 그러면 그 나이가 될 때까지 매일 일할 수 있는 몸으로 낳아 주신 부모님과 옆에서 저를 지켜 주는 가족에게 감사한 마음이 뼈저리게 듭니다.

가능하다면 죽기 전까지 현역으로 일하고 싶지만, 아무래도 저도 젊을 때와는 달라서 사십 대에는 10분이면 하던 일이 지금은 30분이나 걸릴 때가 많아졌어요. 그래도 그런 저를 책망하거나 한심하게 여기지는 않습니다. 저의 몸은 태어나서 죽을 때까지 저와 항상 함께하는 소중한 파트너라고 생각하거든요.

"오늘 하루도 애써 줘서 고마워."

96년간 매일 써 온 눈과 귀, 손과 발이 오늘도 변함없이 일해 주고 있음에 그저 감사할 따름입니다.

 자신을 있는 그대로 받아들이고 잠자리에 들기 전에 오늘 일어난 일에 감사하면 행복한 감정이 마구 샘솟습니다. 그러면 그 마음을 내일 또 손님들에게 전해 드리고 싶다는 생각을 하게 됩니다.

'감사합니다'는 최고의 약입니다.

행복해서 감사한 게 아니라,

감사가 행복을 불러오지요.

시간이라는 약

4장

상처받은 인생을 치유해 주는 건 시간

　백 살이 넘도록 일을 한다는 사실에 많은 사람들이 관심을 가지지만 저는 그저 평범한 약사입니다. 박사학위도 없고 경영자로서 수완이 뛰어나지도 않아요.

　다만, 75년간 매일 약국에 나와서 손님들의 마음에 다가서려고 꾸준히 노력한 일만큼은 스스로 자랑스럽게 여깁니다. 오랜 세월 약국에서 일하면서 손님들과 함께한 시간이 제겐 커다란 힘이 되어 주고 있지요.

　'꾸준함이 힘'이라는 얘기는 자주 들어 식상할지도 모릅니다. 하지만 한 겹 한 겹 쌓인 시간이 결국에는 커다란 힘이 된다는 걸 지금 저는 확신하고 있습니다.

25년 전, 이타바시구 아즈사와에 막 지점을 냈을 무렵, 아들이 갑자기 병으로 쓰러졌습니다.

'내가 일을 너무 많이 시킨 건 아닌가?'
'그렇게 심신의 부담이 컸는데도 내가 알아채지 못했구나!'

저는 죄책감에 마음이 무너졌습니다.
하지만 멈춰 있을 수만은 없었어요. 더 이상 일할 수 없는 아들을 대신해서 약국을 지키는 것이 제 역할이라고 생각했지요. 슬픔에 잠겨 있을 틈도 없었습니다.
손님을 대하는 일은 매번 진검승부처럼 느껴집니다. 다치거나 아파서 병원에 다녀왔다는 건 모두 같지만, 저마다의 상황과 환경은 다 다르거든요. 그러한 마음을 꼼꼼히 살피면서 어떤 부분을 도와드려야 할지 고민하고 분주히 움직이며 하루하루를 보냈습니다.

'만일 그날 아들이 쓰러지지 않았다면, 지금도 일선에서 함께 일할 수 있다면······.'

이런 생각을 하지 않는 것은 아니에요. 하지만 생각한다고 상황이 바뀌지는 않습니다.

지금 눈앞에서 벌어지고 있는 현실의 일을 받아들이고, 앞을 향해 나아가며 끊임없이 분투해 온 기나긴 시간이 저를 강하게 만들었다고 생각합니다.

물론 저 혼자 모든 것을 짊어지지는 않았습니다. '히루마 약국'을 지켜 내자며 다 같이 한 방향을 바라봐 준 가족들과 이러한 생각에 동참해 준 믿음직한 직원들이 있었습니다. 이들이 같은 마음으로 25년 동안 함께 걸어와 주었습니다. 이러한 인연도 기나긴 세월을 보내는 동안 더욱더 단단해졌지요.

아들이 쓰러졌을 때만 해도 중학생이었던 손자 고지로가 이제는 약사가 되었고, 지금 이렇게 저와 함께 약국을 꾸려 가고 있습니다. 지나온 세월을 되돌아보면 참 길었던 듯도 하고, 순식간이었던 듯도 합니다. 하지만 어떠했든 그야말로 귀중한 시간이었습니다.

시간은 사람을 강하게 하고, 유연하게 하며, 깊이 있는 인연을 만듭니다. 또 어느새 사람의 마음을 낫게 하기도 하지요. 어쩌면 시간은 인생에서 '약'과 같은 것인지도 모릅니다.

난관에 부딪히고 후회와 괴로움에 사로잡힐지라도, 마땅히 지금 내가 해야 할 일에 몸을 던지며 보낸 시간. 주위 사람들과 도움을 주고받으면서 한 걸음 한 걸음 밟아 온 시간. 이런 시간은 상처받은 인생을 치유하고 사람을 다정하게 만드는 '약'이 되어 줍니다.

한 걸음 한 걸음 밟아 온 시간은

사람을 치유해 주고, 우리를

생각지도 못한 곳으로 데려가기도 합니다.

시간은 그 무엇보다 훌륭한 약입니다.

가끔은 나를 위해
사치 부리기

 저는 시간을 아로새긴 듯한 오래된 물건을 좋아합니다. 100년 이상 된 찻장이나 어린 시절 상을 받은 서예 작품 같은 것을 좋아하지요. 앞에서도 말씀드렸지만, 그 서예 작품은 지금도 벽에 걸어 두고 소중히 다루고 있지요.

 또 먼저 떠난 남편이나 손자와 찍은 사진, 남편과 세계 곳곳을 돌아다니며 사 모은 전통 공예품, 가슴이 두근거릴 만큼 마음에 쏙 드는 그림, 제 생일날 직원들이 함께 모여 써 준 메시지 보드도 좋아합니다. 그리 많지는 않지만 꼭 옆에 두고 싶은 이런 물건들은 잘 보이는 곳에 놓아둡니다.

 요즘에는 '단사리(斷捨離, 불필요한 것을 버리고 자유를 추

구하는 삶의 방식)'라고 물건을 소유하지 않는 삶을 지향한다지요. 나이 든 부모가 물건을 버리지 못해서 자식들이 처리하는 데 애를 먹는다는 이야기도 많이 들었습니다.

저를 포함해서 전쟁을 겪은 세대가 종종 물건을 버리지 못하는 경우가 있는데, 그 이유는 물건이 정말로 귀했던 시절을 알고 있기 때문이에요. 백화점 포장지나 고무 밴드, 플라스틱 숟가락처럼 다시 쓸 수 있는 물건은 몇 번이고 다시 씁니다. 물건을 버리는 일을 죄악시하는 이도 적지 않지요.

옛날부터 일본에는 '팔백만의 신'이 있다는 생각이 전해져 내려왔습니다. 모든 물건에는 마음이 있어서 소중히 다루지 않으면 벌을 받는다고 생각했지요. 물건을 버리지 못하는 데에는 그러한 생각도 깔려 있습니다.

그렇지만 적은 물건으로 채워진, 잘 정리된 방 안에서의 삶은 마음에 여유를 주고 노후생활을 풍요롭게 하는 것이 사실입니다. 그러니 나이가 들면 나에게 정말 중요한 물건들을 골라내고, 언제나 그런 것들을 가까이 두고 생활하는 게 좋습니다.

한편, 나이를 먹을수록 나에게는 영 돈을 쓰지 못하는 분이 적지 않습니다. 모아 둔 돈이 동날까 봐 걱정하는 마음도 있으시겠지요. 하지만 가끔은 조금 비싼 물건을 내 삶에 들이는 일이 마음을 풍요롭게 해 줍니다.

저는 멍하니 느긋하게 시간을 보낼 수 있는 조용한 곳을 좋아해서 가루이자와에 자주 갑니다. 제가 사는 도쿄에서 기차로 1시간 안에 갈 수 있는 휴양지인데, 자연 경관이 무척 아름답거든요. 도심에서도 시간이 날 때면 호텔을 찾아 여유롭게 있기를 즐기지요.

며느리에게도 맛있는 거 먹으러 나가자고 자주 청해서 함께 외식을 많이 합니다. 가벼운 수다와 함께 하는 맛있는 식사는 마음을 여유롭고 풍족하게 해 주는 값진 시간이에요.

제가 아흔다섯 살이 되던 날에 있었던 일입니다.

저는 생일을 맞아 가족들과 가루이자와에 있는 한 호텔의 레스토랑에서 식사를 하기로 했었어요. 그런데 뜻밖에도, 결혼 후 오사카에서 살고 있는 딸과 손자, 증손자까지 모두 와 준 거예요. 정말 즐거운 생일파티였습니다. 생각지도 못했던 깜짝 등장에 어찌나 놀랍고 기쁘던지요. 이렇게 가족이 다 모일 수 있는, 마음을 넉넉하게 해 주는 시간은 그 무엇보다 소중하다고 생각합니다.

꼭 고급이거나 값비싼 물건이 아니더라도 상관없습니다. 내가 고른, 내 기준에서 조금 비싼 물건과 함께 자신을 위해 느긋하고 편안한 시간을 보내 보세요. 가끔씩 누려 보는 이러한 사치는 여유로운 마음으로 세월을 보낼 수 있는 비결이 되어 줍니다.

깔끔하게 정리된 공간에서,

내게 정말 소중한 물건에

둘러싸여 살아 보기.

손에 꼭 쥐고 있던 것을 놓으면

새로운 인생이 시작됩니다.

눈치보다는 자부심이 필요합니다

"그렇게 행동하면 다른 사람들이 어떻게 생각하겠니?"

예전에 아이들은 부모에게서 주위의 시선, 동네 사람들의 눈을 신경 써야 한다고 배우곤 했습니다.

그런데 지금은 지나치게 사람들의 눈을 의식하고 남의 평가에 휘둘리는 바람에, 오히려 우울증에 걸리고 집 밖으로 나오지 못하는 사람이 늘고 있습니다.

학교나 사회에 나가지 않고 집에만 있겠다는 건 어떤 의미에서는 남의 눈보다 나 자신이 소중하다는 뜻인지도 모르겠습니다. 하지만 어찌 됐든, 많은 경우 남의 평가는 적당히 흘려듣는 것이 좋습니다. 그래야 마음도 편해지고 행복해질 수 있어요.

물론 자신이 하는 일에 대한 자부심을 갖는 건 중요한 일입니다. 저 역시 이 부분만큼은 확고해서 약사로서 하는 일은 완벽하게 해내고 싶습니다.

하지만 그런 생각도 나이가 나이인 만큼 예전처럼 강하지는 않아요. 젊을 때는 다른 사람에게 인정받고 싶다는 마음도 있었지만 지금은 거의 사라졌습니다.

대신에 항상 신경 쓰고 있는 부분은 '손님들이 웃으면서 돌아가는지', '짧은 시간이었지만 만족했는지', '언제까지나 우리가 손님들에게 필요한 약국이 될 수 있을지' 같은 것들이에요.

남에게 인정받고 싶다는 거칠거칠한 모난 마음이 시간과 함께 조금씩 깎여 나가, 이제는 반질반질한 둥근 돌처럼 변한 것 같습니다. 어쩌면 이러한 감정이야말로 사람을 편안하게 하고 본신과 더 가까운지도 모르겠어요. 오랜 세월은 사람의 마음을 둥글게 만들고 인간을 자연 그대로의 상태로 되돌려 놓는 모양입니다.

'내가 뭔가 도움이 될 수는 없을까?'

저처럼 긴 세월을 살아온 나이 든 사람이 할 수 있는 일은, 이런 마음을 담아 가볍게 말을 건네는 것이라고 생각합니다. 진정으로 누군가에게 도움이 되고 싶다는 태도랄까요.

지극히 개인적인 사례를 들어 보겠습니다.

저는 가끔 아이가 약을 먹지 않아서 난감해하는 엄마를 볼 때가 있습니다. 아이가 약을 싫어하는 건 어떻게 보면 너무나 당연한 일이지요. 그러니 엄마로서 어떻게 하면 약을 먹일 수 있을지 고민하는 게 맞습니다.

그럴 때면 저는 약사로서 아이가 넘기기 편한 맛의 약으로 바꿔 주거나 복약 횟수를 줄여 줍니다. 당연히, 어떤 음식과 섞어 먹이면 좋은지, 어떤 음식과는 섞으면 안 되는지 등도 알려 주지요.

가끔은 계속 부드럽게만 얘기해서는 손님께 도움이 안 되겠다 싶을 때도 있어요. 그러면 좀 단호한 말투로 타이르기도 합니다. 약은 우리의 생명과 연관된 것으로, 약을 건네드리는 저는 병원과 손님 사이에 서 있는 문지기 같은 존재라고 생각합니다. 그러니 진정으로 손님을 위한다면 단호한 말투를 써야할 때가 있습니다.

이는 상대방의 시선이나 평가를 신경 쓰지 않기에 가능한 일입니다. 그저 약사로서의 역할을 충실히 수행하고, 손님께 도움을 주기 위해서 하는 일이지요.

다른 사람의 평가나 눈을 신경 쓰는 이유는 '자아'가 강하기 때문입니다. 그러면 상대방에게 형식적으로만 대하거나, 반대로 강요하는 듯한 태도를 보이기도 하지요. 그 와중에 정작 꼭 전해야 할 말은 전하지 못할 때가 많습니다.

자아가 강하면 상대방의 마음을 제대로 헤아리기가 어렵습니다. 그런 상황에서 그를 위해 단호한 말을 한다는 건 있을 수 없는 일이지요. 이는 약사로서의 역할을 포기한 것과 다름없습니다.

다른 사람의 평가를 신경 쓰기보다는, 진심으로 누군가에게 도움이 되고 싶다는 마음을 가져 보세요.

세상의 잡음에 휘둘리지 말고, 지금 이 순간 눈앞에 있는 이에게 도움을 주기 위해 최선을 다하는 것. 그것이 진정으로 행복해지는 길입니다.

세상 사람들의 평가보다는

주변 사람을 돕는 데 집중하기.

그런 시간들이 쌓이면

신뢰의 관계가 만들어집니다.

순간이 모여
인생이 됩니다

시간은 약이기도 하지만, 한편으로 생명 그 자체이기도 합니다. 모든 이가 유한한 시간을 살고 있다고 생각하면, 자연스럽게 내 시간뿐 아니라 다른 사람의 시간도 소중히 여기게 되지요.

특히 나이가 들면, 어떻게 하면 조금이라도 더 행복한 시간을 만들 수 있을지 고민하게 됩니다. 저희 약국에 오는 손님들도 그런 시간을 만드시기를 바라고요.

손님들 중에는 그날 일을 쉬고 병원에 가서, 한참을 기다리고 나서야 진료를 받고 약을 타러 오시는 분도 있습니다. 약국에 왔을 즈음에는 이미 많이 지친 상태에 있지요. 그런 상황에서 약국에서까지 오래 기다리시게 하면 아무래도 저희가 마음이 편치 않습니다.

그래서 되도록 빠르게 약을 드릴 수 있도록 자주 방문하시는 손님의 얼굴과 이름, 정기적으로 복용하는 약의 이름은 외워 둡니다. 오셨을 때 바로 조제할 수 있도록 말이지요.

또 손님들이 약을 기다리시는 동안 지루하지 않도록 약국 안에 간단히 차와 음료수를 마실 수 있는 공간을 마련해 두었습니다. 그곳에서 다른 손님들과 이야기를 나누거나 TV를 볼 수 있지요. 손님들의 소중한 시간이 부디 허투루 지나가지 않길 바라는 마음을 담았습니다.

이건 동네 약국이라서 가능한 부분이기도 한데, 저는 약을 드릴 때 약뿐만 아니라 손님들의 상태도 면밀히 살핍니다. 그리고 손님들이 문을 나서시는 순간까지 가능한 밝은 얼굴과 미소로 응대하고자 노력하지요.

그런 날들을 보내다 보면, 결국 평소 제가 차분하게 할 일을 해 나가는 것이 곧 저의 시간뿐 아니라 타인의 시간도 소중히 다루는 일임을 깨닫습니다.

 자신에게 주어진 일을 차분하게 해내려면 우선 그때그때 스스로 판단해서 결정할 줄 알아야 합니다. 나아가 우선순위도 잘 세워야 하므로 그날의 계획, 함께 일하는 사람들의 일정과 역할 분담에 대해서도 정확하게 파악해 두어야 하지요. 그렇지 않으면 시간에 쫓겨 허둥대거나 약속 시간을 지키지 못할 수도 있습니다.

 차분하게 일을 한다는 건, 비효율적으로 느긋하게 시간을 보내는 것과는 아주 다릅니다. 오히려 정반대의 의미지요. 자신이 할 일을 명확하게 알고 그 일이 몸에 배어 있는 것을 말합니다. 그래서 그날의 상황에 기분이 좌우되지 않고 착실하게 수행해 나가는 것을 말하지요.

 늘 차분함을 유지하면 사실 시간을 매우 효율적으로 쓸 수 있습니다.

 저는 매일 아침 집을 나서기 15분 전에 택시를 부릅니다. 늦어도 8시 50분에는 야구에 도착하지요.

 요즘에는 이렇게 매일 아침 당연하게 흘러가는 차분한

출근 준비 시간이 나를 정돈시켜 주고 있음을 실감합니다. 이 시간 동안 몸과 마음이 조금씩 일을 하기 위한 준비 태세를 갖추고 머릿속이 하나씩 정리되지요. 생각해 보면 아주 엄숙한 시간이에요.

물론 저는 운이 좋게도 일을 계속할 수 있던 덕분에 이러한 아침 루틴을 오래도록 지켜 올 수 있었습니다.

저는 정년퇴직 후 생활 리듬이 깨진 탓에 늘 마음이 우울하다는 남성분들에게는 댁에 있더라도 일할 때와 마찬가지로 생활해 보시라고 권합니다. 아침 일찍 일어나 할 일을 정해 두고 하나씩 수행해 보는 거지요. 사람에게 루틴이란 자신을 관리하는 리듬을 만들어 주는 매우 중요한 의식이니까요.

우선은 나의 시간을 소중히 다루고, 나아가 주변 사람들의 시간을 소중히 다뤄 보세요. 그러면 '강약'과 '장단'이 있는 활기찬 하루를 보낼 수 있습니다.

아흔 살이 넘어서부터 저는 그야말로 1분 1초의 소중함을 절실히 느끼고 있습니다. 이런 생각도 하게 되었지요.

'지금까지 내가 보낸 시간 중에서 쓸데없는 시간은 하나도 없었다.'

젊었을 때는 아무 생각 없이 그저 앞만 보고 달렸던 시기도 있었습니다. 하지만 그러한 시간까지 포함해서 이제는 지금까지 제가 보낸 시간 전부를 사랑하게 되었습니다.

"인생은 시간을 공들여 나를 사랑하는 여행이다."

올해 여든여덟 살이 된 피아니스트 후지코 헤밍 씨가 예전에 한 다큐멘터리에서 한 말입니다. 참으로 공감이 가는 이야기가 아닌가 합니다.

오랜 시간을 들이고 나서야 비로소 용서가 되는 일도 있습니다. 그렇게 시간이 차곡차곡 쌓이는 동안 자기 자신에 대한 애정도 깊어져 가는 것이겠지요. 부디 마지막 순간까지 나를 사랑하는 여행을 이어갈 수 있다면 좋겠습니다.

인생은 유한합니다.

자신의 시간도, 다른 사람의 시간도

무엇과도 바꿀 수 없는 생명의 시간임을 알면

모든 순간이 사랑스럽게 느껴집니다.

스스로 할 수 있는 일은
스스로 하기

 나이를 먹는다는 건 혼자서 할 수 있는 것들이 조금씩 줄어드는 일이기도 합니다. 특히 최근에는 사회가 고령화되면서 돌봄이 필요한 노인들이 과거에 비해 크게 늘어났지요.

 그런데 손님들에게 돌봄에 관한 이야기를 듣다 보면, 때로는 당사자가 할 수 있는 일까지 대신해 주고 있지 않나 하는 생각이 들 때가 있습니다.

 '간병'이란 본래 자립을 돕기 위한 행위로, 스스로 할 수 있는 일까지 대신해 주는 것이 아닙니다 물론 간병을 하는 분이 일을 병행하거나, 돌봄이 필요한 분이 중증의 지체 장

애나 인지 장애 등을 가지고 있는 경우와는 관계가 없는 말입니다. 그런 경우에는 환자 본인에게 많은 일을 맡겨둘 수 없지요.

하지만 모든 경우에 중요한 점은, 기본적으로 스스로 할 수 있는 일은 스스로 하게끔 해야 한다는 것입니다. 제가 고관절에 금이 가서 걸을 수 없었던 시기에 돌봄 서비스를 이용하면서 깨달은 것이지요.

물론 스스로 할 수 없는 일은 누군가에게 부탁하는 것이 맞습니다. 그리고 이때는 겸허한 마음가짐을 지녀야 합니다. 누군가를 돌보는 일은 체력적으로도 정신적으로도 에너지가 많이 드니까요.

가끔 나이 드신 분들 중에는 가족에 대해 이야기하면서, 이것도 안 해 주고 저것도 안 해 준다며 불평을 하시는 분이 있습니다. 하지만 어쩔 수 없이 누군가의 도움을 받아야 하는 상황에 처할수록, 스스로 할 수 있는 일은 스스로 하겠다는 마음을 가져야 노후생활이 편안해집니다.

누군가의 도움을 받겠다는 생각이 바탕에 깔려 있으면

타인의 도움이 항상 턱없이 부족하게 느껴집니다. 우선 내가 할 수 있는 부분이 있는지 살펴보고, 있다면 가능한 선까지는 해 두는 것이 좋습니다. 그다음에 아무래도 이건 어렵겠다 싶은 부분을 부탁해야 합니다.

이렇게 하면 도움을 감사하게 느끼는 마음이 자연스럽게 커지고, 도와주는 이도 누구나 혼자서는 할 수 없는 일이 있는 거라 생각하며 기꺼이 손을 보태 줍니다.

또 가족에게는 도움을 받는 게 당연하다고 여기기 쉬운데, 가까운 사이일수록 예의를 지키고 감사함을 가져야 합니다. 마음의 거리와 생활 반경이 가까울수록 '나는 나, 너는 너'라는 선 위에서, 한 명의 인격체로서 서로를 존중하는 마음을 가져야 하지요.

"에이코 선생님은 가족들과 집에서도 직장에서도 함께하시는데, 항상 사이가 좋아 보여서 부러워요."

가끔 이런 말을 들을 때가 있습니다.

그런데 이렇게 말씀하시는 분의 이야기를 가만히 들어보면 자신과 가족의 경계선이 애매한 경우가 많습니다. 상대방이 내 생각을 알아줬으면 좋겠다는 기대 또한 크고 말이지요.

그런 마음도 한편으로는 이해합니다. 하지만 상대방에 대한 과도한 기대는 기어이 그 사람이 내 생각대로 움직여 주면 좋겠다는 말과 행동으로 이어지고 맙니다. 그러면 당연하게도 상대방은 불편함을 느끼고 오히려 반발심을 품게 되지요. 그리고 결국에는 관계가 서서히 소원해지는 결과가 이어집니다.

피로 맺어진 가족일지라도 저마다 살아온 길은 다르므로, 사고방식과 행동도 다른 게 당연합니다. 이러한 기본적인 인식을 갖는 것이 건강한 가족관계를 유지하는 첫걸음이라고 생각해요.

가족이든 친구든 지인이든, 상대방을 하나의 인격체로서 존중해야 합니다. 저마다 다른 사고방식으로 살고 있다는 시선으로 대하면, 신기하게도 과도한 기대도 걱정도 사라지고 그 사람을 신뢰할 수 있습니다.

그러면 상대방도 나를 한 명의 인간으로서 예의를 갖춰 대하는 여유가 생기고, 자연스럽게 서로의 관계도 좋아질 것입니다.

과도한 기대를 하지 않기.

상대를 바꾸려고 하지 않기.

이것이 인간관계를

원만하게 유지하는 비결입니다.

행복은 늘 우리 곁에 있음을

 지금까지 저는 약국에서 월요일부터 토요일까지 쉬지 않고 일해 왔습니다. 그럼에도 워낙 여행을 좋아하는지라, 젊었을 때는 1년에 한 번 2주 정도 휴가를 내서 해외여행을 다녀오곤 했지요.

 남편과 함께 둘이서 세계 곳곳을 돌아다녔습니다. 남편이 세상을 떠난 다음에는 오사카에 사는 딸이 자주 함께해 주었지요.

 마지막 여행지는 팔십 대 때 다녀온 대만이었어요. 손자들이 함께 가 주었는데, 야시장에서 맛있는 요리와 신기한 젤리도 먹고, 유적지도 구경하며 즐거운 시간을 보냈습니다. 정말 좋은 추억이에요.

하지만 2019년에 오랜 시간 무리했던 고관절에 금이 가는 바람에 서너 달 동안 입원을 하게 됐습니다. 넘어진 것도 아니고, 그냥 평소처럼 택시에 올라타려는데 다리가 마음대로 움직이질 않았어요.

'아, 또 시작이네.'

저는 통증이 심한 와중에도 이런 마음뿐이었습니다. 어쩌면 이제 더 이상 걷지 못할지도 모른다는 생각은 전혀 하지 않았지요. 하지만 가족과 지인 그리고 약국 손님 들은 구십 대인 저의 골절을 가볍게 넘기지 못하고 크게 걱정을 했습니다.

그렇게 뜻하지 않게 갑자기 병원 생활을 시작하게 되었습니다. 그리고 그곳에서 자유롭게 움직일 수 있는 몸이 얼마나 호사로운 것인지, 걱정해 주고 지지해 주는 사람들이 얼마나 고마운 존재인지 새삼스럽게 깨달았습니다.

약국은 당연히 제가 없어도 잘 돌아갔지요. 그저 입원해 있는 동안, 최선을 다해 재활 훈련을 도와주는 선생님과 매일 얼굴을 보러 와 주고 격려해 주는 가족들, 함께 걱정해 주는 여러 손님들의 존재가 정말 크다는 걸 통감했습니다.

 사람은 '누군가를 위해서'라는 마음이 들 때면 평소보다 더 힘을 낼 수 있는 것 같아요. 어쩌면 인간의 치유력이란 약이 아니라, 정신력이나 주변 사람들의 존재로부터 나오는지도 모르겠다고 절실하게 깨달은 날들이었습니다.

 오랫동안 약국을 다녔던 단골손님들은 약국에서 찍었던 제 사진을 손자 고지로에게 주었고, 그 사진은 스마트폰 메신저를 통해 제게 전달되었습니다.

 평소에는 제가 손님들을 격려하고 응원하던 입장이었는데, 이제는 반대로 손님들이 저에게 용기를 주고 힘을 북돋아 주었지요.

 '이런 일도 있었으니 이제 그만 은퇴해야 하나?'

솔직히 말하면, 이런 생각이 머리를 스치기도 했습니다. 하지만 그것도 잠시, 꼭 다시 약국으로 돌아가겠다고 마음을 다잡았어요.

약국으로 돌아간 날에는 정말 많은 손님들이 반겨 주셨습니다. 사람은 이렇게 서로를 염려하며 하루하루를 살아가고 있음을 다시 한번 깨달았지요.

재활 훈련은 지금도 하고 있는데, 인간은 조금씩이라도 꾸준히 단련하면 근육이 붙는 것 같습니다. 이제는 보행 보조기구의 도움을 받아 가며 걸을 수 있게 되었습니다.

하지만 안타깝게도, 이 이후로 혼자서 외출하지는 못하게 되었습니다. 매달 다녔던 큰길에 있는 미용실도, 좋아하는 아이쇼핑도 갈 수 없게 되었지요.

나이가 나이인 만큼 이제는 어쩔 수 없는 일이라고 생각합니다. 그래서 뒤돌아보면 젊었을 때, 가 보고 싶은 곳에 가고 보고 싶은 풍경을 보기 위해 이곳저곳을 여행하기를 정말 잘했다고 생각해요.

혹시 지금 이 책을 읽는 분들도 아직 건강하고 마음껏 걸어 다닐 수 있다면, 꼭 마음에 품고 있는 여행지를 향해 떠나셨으면 좋겠습니다.

몸이 불편하다고 해도 그 자체로 불행한 것은 아닙니다. 순간순간 스스로 행복하다고 느끼게 해 줄 작은 재료들을 지금부터라도 얼마든지 모을 수 있어요.

좋아하는 일과 취미생활, 자식들이나 손자들의 성장, 늘 곁에서 응원해 주는 사람들의 존재. 평범한 일상 속에 있는 이런 행복의 씨앗을 하나라도 더 찾길 바랍니다.

불편해진 몸 자체가

행복과 불행을 결정하진 않습니다.

결국 행복은, 누가 얼마나 더 많이

'발견'하느냐에 달려 있지요.

삶의 의미는
깊이 생각하지 않습니다

제가 약사가 된 지 어느덧 75년이 지났습니다.

항상 눈앞의 일에 집중하며 그저 열심히 살다 보니 이렇게 긴 세월이 흘러 버렸네요. 매일 업무에 쫓기면서도, 직원들과 함께 약국 매장을 정돈하거나 장식하며 보내는 하루하루가 큰 행복이라고 느낍니다.

예전에 교도소에 있는 진료소에 약을 갖다 드리러 간 적이 있습니다. 거기서 열심히 일하는 수감자들의 모습을 보고 문득 궁금해졌습니다.

'저렇게 열심히 일하시는 분들이 무슨 죄를 지은 것일까?'

이런 생각에 곧 마음이 아파 왔습니다.

제가 이렇게 약사로서 인생을 성실히 살아올 수 있었던 건 모두 살아남은 선조들 덕분입니다. 선조들로부터 이어받은 생명의 귀중함을 실감하며 매일 손님들을 대하다 보면 알게 되는 것이 있습니다.

큰 병으로 고통받는 분들 중에는 자기 삶의 의미가 무엇인지, 자신이 대체 왜 태어났는지 모르겠다며 깊은 고민에 빠져 있는 경우가 많다는 사실입니다. 그런 분들에게 이 말을 전해 드릴 수 있다면 얼마나 좋을까요.

'어떤 생명이든 태어난 것만으로도 존귀합니다.'

일본은 전쟁을 겪은 나라입니다. 전쟁은 아주 먼 옛날에 있었던 일이 아니에요.

제가 요즘식 표현으로 '대학교 약학부'에 다녔던 때가 태평양 전쟁 시기였습니다. 1941년 말에는 진주만 공격이 있었지요. 남자 약학생들은 징병 검사를 피할 수 있었지만, 스스로 지원해서 전쟁터에 나갔다가 돌아오지 못한 이들도 있었습니다.

나가노로 피난을 떠나 밭을 일구며 자급자족하면서도 아버지는 약국을 여셨습니다. 전쟁이 끝난 뒤에는 도쿄와 나가노를 오가시곤 했지요. 전후의 복잡한 세상 속에서도 일을 계속하실 수 있었던 건 진심으로 축복이라고 생각합니다.

지금 살아 있는 사람들은 모두 그러한 시대를 겪고 살아남은 선조들에게서 태어난, 생명의 배턴을 이어받은 존재입니다. 전쟁을 직접 겪은 이들이 이제는 얼마 남지 않았을 만큼 긴 세월이 지났지만, 그럼에도 지금 살아 있는 사람들은 기적과도 같은 귀중한 존재입니다.

물론 병으로 고통받을 때, 고독함에 사로잡힐 때, 사회와 단절된 기분이 들 때면 삶을 긍정적으로만 바라보기는 힘들지요. 약국을 찾는 손님들 중에서도 생명의 소중함보다는 현실의 고통을 더 크게 느껴서 '사는 게 괴롭다'고 하시는 분이 있습니다.

"자기 삶의 의미와 가치에 대해서 너무 깊이 생각하지 마세요."

오랜 시간을 살아온 제가 감히 그런 분들께 드릴 수 있는 말이 있다면 바로 이것입니다. 그리고 반드시 누군가에게 도움을 청하시라는 말을 덧붙이지요.

늙거나 병에 걸려서 다른 사람에게 폐를 끼치는 일은 결코 그 사람을 불행하게 만드는 일이 아닙니다. 다른 사람에게 도움이 되지 못한다고 하여, '나는 이제 가치가 없다'는 어리석은 생각에 시달릴 필요도 없어요.

당신이 도움을 청하면 손을 내밀어 주는 사람이 반드시 나타납니다. 그러니 삶이 고통스러울 때는 반드시 누군가에게 도움을 청하도록 하세요.

전쟁에서 간신히 살아남아 오랜 세월을 살아온 저는, 지금 병으로 고통받으며 살아갈 의미를 잃은 분들에게 몇 번이고 이렇게 전해 드리고 싶습니다.

"저는 당신이 살아 있는 것만으로도 기쁩니다."

모든 생명은 태어난 것만으로도 귀중합니다.

인생의 의미를 생각하기보다는

내가 이어받은 생명과

살아남은 선조에 대한 감사함을

느끼며 살아간다면 좋겠습니다.

나이 들어도
여전히 즐거운 삶

"가족과 함께 일하면서 좋은 관계를 유지하는 건 보기 드문 일이에요."

가끔 이런 말을 들을 때마다 조금 쑥스럽습니다. 가족과 함께 약국을 운영하는 것은 이제 제 인생에서 지극히 당연한 일이 되었으니까요.

다만, 어떻게 이토록 좋은 관계를 오래 유지할 수 있었는지 새삼 생각해 보면 조금은 별다른 이유가 있기는 한 것 같습니다. 아마도 가족 모두가 자립해서 약사로서 긍지를 가지고 일했다는 점, 모두 하나의 목적을 향해 나아갔다는 점이 그 이유겠지요.

저희 집안은 가업 개념으로 가족이 함께 약국을 운영하고 있습니다. 그래서 일할 때면 모두가 동등한 약사이고, 기획이나 홍보와 같은 분야는 역할 분담이 명확합니다. 일이 끝나고 집으로 돌아가면, 각자 방해받지 않고 혼자만의 시간을 가질 수 있도록 서로서로 배려하지요.

가까운 사이일수록 예의를 지켜야 한다는 말이 있듯이 아무리 친한 사이라도, 가령 남편이나 자식이라도 서로 건드려서는 안 되는 자신만의 세상이 있습니다. 가족이라는 이유로 자식이나 손자의 인생에 함부로 끼어들어서는 안 되지요.

아버지가 히루마 약국을 세우신 이래 저희 가족은 대대손손 약사의 길을 선택해 왔습니다. 하지만 단 한 번도, 그 누구도 자식이나 손자에게 약사가 되라고 강요한 적은 없어요.

아버지에 이어서 제가 동네 사람들을 소중히 여기는 약국을 지향하며 매일 정중히 손님들을 대했고, 이 모습을 보고 자란 아들과 손자가 자연스럽게 이 길을 선택해 주었습니다. 이건 평생 약사로서 살아온 제가 진심으로 자랑스럽게 여기는 부분입니다.

일하는 모습을 보여 주는 것.
즐겁게 일하는 모습을 보여 주는 것.
다른 사람에게 도움을 주는 모습을 보여 주는 것.

삶을 끝까지 살아 내는 모습을 주변 사람들에게 당당하게 보여 줄 수 있다는 건 멋진 일입니다. 자신도 잘하지 못하는 일에 이러쿵저러쿵 잔소리를 늘어놓기보다는, 뭔가에 묵묵히 열중하는 모습을 보여 주는 쪽이 훨씬 큰 메시지를 전달하지요. 집에서 일하는 여성들도 조용히 일하는 뒷모습으로 아이들에게 뭔가를 전해 줄 수 있어요.

물론 아빠나 엄마가 직장생활을 하는 일반 가정에서는 아이들이 자신의 부모가 어떤 식으로 일하는지 볼 기회가 적을지도 모르겠습니다. 그렇기는 해도 아이가 어느 정도

컸다면, 부모가 일하는 모습이나 태도를 보여 줄 기회가 있어야 한다고 생각해요. 보여 줄 수 없다면 들려주는 것도 좋은 방법이 되겠지요.

나이가 든 후에도 마찬가지입니다. 자식이나 손자가 노화를 괴로운 일로 여기지 않도록 되도록 생기 넘치는 모습을 보여 줄 수 있다면 좋겠습니다. 불평불만을 늘어놓으며 자식이나 손자를 난처하게 하기보다는 '우리 할머니, 할아버지, 좀 멋있는데?' 하는 생각이 들도록 말이지요.

저는 이렇게 삶의 태도를 직접 보여 주는 일이야말로 한발 앞서 살아가는 이들의 역할이라고 생각합니다.

가족에게 불평불만을 늘어놓기보다는

생기발랄하게 살아가는 모습을 보여 주기.

그것도 한발 앞서 살아가는 이의

책임이라고 생각합니다.

눈부신 오늘을
살아가세요

 약국은 건강한 사람보다는 아픈 사람이 많이 오는 곳입니다. 약국에 오시는 분들 중에는 항암 치료를 받는 분, 정신질환을 앓는 분, 투석을 받는 분도 계시지요. 그중에는 자신의 병으로 매우 고통스러워하시는 분도 있습니다.

"살아 있다고 무슨 소용인지 모르겠어요."
"전 뭘 위해서 사는 걸까요."

이렇게 말하시는 분들에게 저는 말씀드립니다.

"그렇게 괴로우시다면 삶의 의미 같은 건 생각하지 마세요."

저도 사는 게 너무나 힘이 들 때가 있습니다. 한밤중에 다리가 아파올 때면 이런 생각이 들기도 하지요.

'오늘이 마지막인가? 내일부터는 침대에서 일어나지 못하는 거 아닐까?'

그런데 다음 날 아침, 통증이 가시고 침대에서 일어날 때면 참 신기한 기분입니다. 그래서 더욱더 우리는 미리 미래를 생각하고 걱정하며 고민할 필요가 없는 것이지요.

큰 병을 앓을 때나 인생에서 커다란 괴로움과 맞닥뜨렸을 때 앞으로 어떻게 살아야 할까, 돈은 다 어떻게 마련해야 할까 등을 생각하면 불안감에 압도되어 버립니다. 여기에 '나는 왜 사는 걸까' 하는 생각마저 들기 시작하면 눈앞에 있는 현실은 더 이상 보이지 않지요.

그러니 앞날이 불안하게만 느껴질 때는 삶의 의미를 찾는 일은 일단 제쳐 두고 그저 지금 나에게 주어진 오늘에 최선을 다해 보세요. 오늘 아침에 눈을 떴다는 건 반드시 오늘 해야 할 일이 있다는 뜻입니다. 할 일이 있으므로 아직 살아 있는 것이지요.

'오늘도 해야 할 일이 있어서 눈을 떴구나.'

저는 아침에 일어날 때마다 이렇게 생각하며 출근 준비를 시작합니다. 그저 그뿐입니다. 인생이란 뭔지, 무엇을 위해서 사는지 고민하며 깊이, 또 멀리 나아가지 않아요.
아침에 일어나면 그저 묵묵히 오늘 할 일을 해 보세요.

'아, 아직 살아 있구나.'

다음 날 또 눈이 떠졌다면 또 이렇게 생각하고 그날 하루도 또 열심히 살아 보세요. 일단 오늘을 살아 보는 것. 우선은 그것만으로 충분합니다.

 인생은 과거 혹은 미래가 아니라, '지금 내 눈앞에 있는 일에 얼마나 진지하게 몰두할 수 있느냐'에 달려 있습니다. 그리고 보통 우리에게 주어진 역할은 이것저것 다양한 일에 몸과 마음을 쓰는 것이 아니라, 지금 눈앞의 일과 진지하게 마주하는 것입니다.

 일터에서도 가정에서도 마찬가지입니다. 1년 후의 일을 생각하기보다는 지금 눈앞에 있는 손님에게 감사함을 전하는 것, 오늘을 함께 살고 있는 가족에게 고맙다는 말을 건네는 것. 이것이 지금 우리가 당장 해야 할 일이지요.

 솔직히 생각해 보면, 제가 지금까지 한 일이라는 건 이게 다인 듯싶습니다. 하지만 이것이야말로 분명히 가치 있는 일임을 이 나이가 되어서야 깨달았습니다.

 내가 할 수 있는 일, 내게 주어진 역할에 오늘도 최선을 다하는 것. 그것이 인생입니다.

 하루하루 '오늘'이 시작이자 끝과 같습니다.

내일이 오면 또 다른 오늘이 시작되고, 또 그날을 살아갑니다. 이렇게 생각하고 살면, 자연스럽게 오늘 하루가 내 인생 최고의 날이 되지요.

아침에 눈을 떴음에 감사하다고 말해 보세요. 오늘이 왔다는 건 결코 당연한 일이 아닙니다.

아침에 눈을 떴다는 건

'오늘을 살아가라'는 뜻입니다.

미래가 못 견디게 불안하다면

일단 오늘을 살아 보세요.

🌸 맺는 글

시작하기에
늦은 나이란 없다

"아흔여섯 살이니까 의미가 있는 거예요. 지금이니까 다들 할머니의 이야기를 듣고 싶어 한다고요."

이 책을 쓰게 된 계기는 손자 고지로가 등을 떠밀어 준 덕분입니다. 물론 저 개인적으로도 사람들에게 전하고 싶은 말이 있기도 했지만요.

책을 다 쓰고 나서 느낀 점이 있습니다. 바로 사람은 나이가 몇이든 새로운 도전과 경험을 할 수 있다는 사실입니다.

새로운 체험에는 사람의 몸과 마음에 활기를 불어넣는 힘이 있는지도 모르겠습니다.

가끔 저보다 훨씬 어린 분들이 자기 나이에 무슨 새로운 일을 시작하겠냐고 말할 때가 있습니다.

"무슨 말씀이세요. 지금 시작해서 제 나이 때까지 꾸준히 하면 그때는 40년 경력의 베테랑이 될 텐데요."

제가 이렇게 답하면 다들 이런 식으로는 한 번도 생각해 본 적이 없다는 듯 놀라곤 합니다.

요즘은 의료 기술이 발달해서 건강한 고령자가 많습니다. 직장을 퇴직하는 예순 살은 그야말로 한창 일할 나이지요.

정년퇴직 후를 '제2의 인생'이라고 부르기도 하는데, 그 제2의 인생이 무려 40년 동안의 직장생활과 비슷한 시간입니다. 그 기나긴 세월 동안 새로운 일에 도전하지 않는다면 너무 시간이 아깝지 않을까요.

물론 하고 싶은 일을 하기 위해선 기력과 체력, 근력이 필수이므로 매일 몸을 움직이고 균형 잡힌 식단에 신경을 써야겠지요.

당신에게도 언젠가 한 번 꼭 해 보고 싶었던 일, 언젠가 한 번 꼭 가보고 싶었던 곳이 있을 것입니다. 그 '언젠가'를 전부 이루어 낼 수 있도록 무엇이든 도전해 보시기를 바랍니다.

어린 시절 전쟁을 겪으며 늘 배가 고팠던 기억이 있는 분이 퇴직 후 마당을 열매가 잔뜩 열리는 나무로 꽉 채워 과수원처럼 가꾸고는 "어렸을 때는 옆집 마당에 열린 비파 열매가 어찌나 먹고 싶었던지" 하고 말한다면, 이 역시 하나의 '언젠가'를 실현한 멋진 일이 아닐까요.

노후는 인생의 보상과도 같은 시간입니다. 연락이 끊겼던 친구, 다툼 끝에 멀어진 동료, 보고 싶은 가족이나 친척이 있다면, 되도록 몸을 자유롭게 움직일 수 있는 동안에 찾아가 보세요. 조금 용기가 필요한 만남일지라도 이제는 나이를 먹었으니까 충분히 가능할 겁니다.

이제 저는 자유롭게 걸을 수 없게 되었지만, 그래도 아직

할 수 있는 일이 많습니다. 앞으로도 저는 매일 작은 도전을 이어 나가며 살겠습니다.

2020년 9월 어느 날,
히루마 에이코.

옮긴이 **이정미**

성균관대학교 신문방송학과를 졸업한 뒤 일본 도서 번역 및 기획을 하고 있다. 바른번역에서 일어 출판번역 전 과정을 수료했으며, 제22회 한국번역가협회 신인번역장려상을 수상했다. 옮긴 책으로는 『철학의 기본』, 『교양으로 읽는 서양음악사』, 『세상의 모든 이야기는 신화에서 시작되었다』, 『70세의 정답』, 『프로세스 이코노미』 등이 있다.

100세 할머니 약국

초판 1쇄 발행 2025년 7월 16일
초판 4쇄 발행 2025년 9월 22일

지은이 히루마 에이코
옮긴이 이정미
펴낸이 박혜연

디자인 이연수
마케팅 김하늘 최명열
홍보 임유나 금슬기
경영관리 김민아
펴낸곳 ㈜윌마 **출판등록** 2024년 7월 11일 제 2024-000120호.

ISBN 979-11-992478-3-3 (03830)

· 책값은 뒤표지에 있습니다.
· 파본은 구입하신 서점에서 교환해드립니다.
· 이 책은 저작권법에 의하여 보호를 받는 저작물이므로 무단 전재와 복제를 금합니다.

(주)윌마는 독자 여러분의 책에 관한 아이디어와 원고 투고를 기다리고 있습니다. 책 출간을 원하시는 분은 이메일 wilma@wilma.kr로 간단한 개요와 취지, 연락처 등을 보내주세요.